新时代之问

关于人口老龄化的答问

中共中央党校（国家行政学院）“人口老龄化发展趋势及对策研究”课题组

青连斌 | 著

中央党校出版集团
国家行政学院出版社
NATIONAL ACADEMY OF GOVERNANCE PRESS

图书在版编目（CIP）数据

关于人口老龄化的答问 / 青连斌著 . —北京 : 国家行政学院出版社，2023.5

ISBN 978-7-5150-2776-0

Ⅰ . ①关… Ⅱ . ①青… Ⅲ . ①人口老龄化－中国－问题解答 Ⅳ . ① C924.24-44

中国国家版本馆 CIP 数据核字（2023）第 070470 号

书　　名	关于人口老龄化的答问 GUANYU RENKOU LAOLINGHUA DE DAWEN
作　　者	青连斌　著
统筹策划	陈　科
责任编辑	刘　锦
出版发行	国家行政学院出版社 （北京市海淀区长春桥路 6 号　100089）
综 合 办	（010）68928887
发 行 部	（010）68928866
经　　销	新华书店
印　　刷	北京盛通印刷股份有限公司
版　　次	2023 年 5 月北京第 1 版
印　　次	2023 年 5 月北京第 1 次印刷
开　　本	155 毫米 ×230 毫米　16 开
印　　张	8
字　　数	68 千字
定　　价	28.00 元

实施积极应对人口老龄化国家战略，发展养老事业和养老产业，优化孤寡老人服务，推动实现全体老年人享有基本养老服务。

——习近平总书记在中国共产党第二十次全国代表大会上的报告

（2022年10月16日）

实施积极应对人口老龄化国家战略。制定人口长期发展战略，优化生育政策，增强生育政策包容性，提高优生优育服务水平，发展普惠托育服务体系，降低生育、养育、教育成本，促进人口长期均衡发展，提高人口素质。积极开发老龄人力资源，发展银发经济。推动养老事业和养老产业协同发展，健全基本养老服务体系，发展普惠型养老服务和互助性养老，支持家庭承担养老功能，培育养老新业态，构建居家社区机构相协调、医养康养相结合的养老服务体系，健全养老服务综合监管制度。

——《中共中央关于制定国民经济和社会发展第十四个五年规划和二〇三五年远景目标的建议》

新时代之问

出版说明

党的十八大以来，中国特色社会主义进入新时代，开启新征程。诚如马克思所指出的，“问题就是时代的口号，是它表现自己精神状态的最实际的呼声”，新时代就要解决新问题。

为回应新时代背景下广大党员、干部、群众特别关心、迫切需要解答的现实问题，我社特推出“新时代之问”系列答问读物，邀请相关领域权威专家学者，针对党的十八大以来我国在经济、政治、文化、社会、生态等领域重大问题进行专题解答。“新时代之问”系列秉承解决真问题、真解决问题的初衷，力求提出的问题和分析解答有助于广大党员、干部深刻领会把握习近平新时代中国特色社会主义思想的精神实质、核心要义、丰富内涵和实践要求，把学习成果转化为推动工作的强大动力和生动实践。为实现社会主义现代化强国目标和中华民族伟大复兴凝心聚力！

前　言

人口老龄化是一个世界性趋势，是人类文明进步的重要体现，也是我国今后较长一个时期的基本国情。

党的十八大以来，以习近平同志为核心的党中央高度重视老龄事业。习近平总书记多次对老龄工作作出重要指示批示，提出一系列新理念新思想新要求。早在2015年10月，习近平总书记就在加强老龄工作的重要批示中强调，“有效应对我国人口老龄化，事关国家发展全局，事关亿万百姓福祉。要立足当前、着眼长远，加强顶层设计，完善生育、就业、养老等重大政策和制度，做到及时应对、科学应对、综合应对”。党的十九大报告强调，要“积极应对人口老龄化，构建养老、孝老、敬老政策体系和社会环境，推进医养结合，加快老龄事业和产业发展”。党的二十大报告再次强调，要“实施积极应对人口老龄化国家战略，发展养老事业和养老产业，优化孤寡老人服务，推动实现全体老年人享有基本养老服务”。

2020 年 10 月，党的十九届五中全会通过的《中共中央关于制定国民经济和社会发展第十四个五年规划和二〇三五年远景目标的建议》，首次在党的全会文献中把实施积极应对人口老龄化上升为国家战略，为“十四五”时期乃至今后更长时期应对人口老龄化提供了基本遵循。2021 年 3 月，十三届全国人大四次会议表决通过的《中华人民共和国国民经济和社会发展第十四个五年规划和 2035 年远景目标纲要》，对“十四五”时期积极应对人口老龄化作出了全面部署。2021 年 6 月，中共中央、国务院作出《关于优化生育政策促进人口长期均衡发展的决定》，国家发展改革委、民政部、国家卫生健康委印发了《“十四五”积极应对人口老龄化工程和托育建设实施方案》；同年 11 月，中共中央、国务院发布了《中共中央国务院关于加强新时代老龄工作的意见》；12 月，国务院又印发了《“十四五”国家老龄事业发展和养老服务体系规划》。2023 年的《政府工作报告》把“加强养老服务保障”作为当年保障基本民生和发展社会事业的工作重点之一。党中央、国务院及相关部门密集出台的这一系列文件，对实施积极应对人口老龄化国家战略进行了具体部署，提出了一系列重大政策举措。

实施积极应对人口老龄化国家战略，必须以习近平总书记关于积极应对人口老龄化的重要论述为指导，全面落实党中央、国务院的重大决策部署。

本书是应国家行政学院出版社之约撰写的，也是中共中央党校（国家行政学院）2022 年校级课题“人口老龄化发展趋势及对策研究”的研究成果。尽管我之前承担过国家社科基金课题“我国社会养老服务体系建设存在的主要问题与政策配套体系研究”“‘互联网 +’与养老服务社会化路径研究”“养老服务中的人文关怀问题研究”，以及中央党校课题“发展老年服务产业问题研究”等，积累了一些关于人口老龄化特别是养老服务的研究资料，也出版了一些著作，发表了一些文章，但人口老龄化问题涉及众多学科领域，政策性又很强，要回答许多重大的理论和实践问题还是深感力不从心。

在本书的写作过程中，参阅了学术界同人的大量成果，借鉴了他们的观点和见解，使用了他们的许多数据资料。衷心感谢学术界同人！需要说明的是，作者在文中尽量加以标注，但标注不完备的地方还请多加谅解！衷心感谢国家行政学院出版社领导的信任，感谢编辑、校对等老师为本书的编辑加工付出的辛勤汗水和智慧！

青连斌

2023 年 4 月

目　录

问题一

什么是人口老龄化，衡量的标准是什么?

在人口老龄化研究文献中，“老龄化”有两种含义：一种是人类个体的老龄化，是指伴随时间的推进，个人年龄从童年、少年、青年、中年到老年的增长变化；另一种是人口群体的老龄化，即在特定区域范围内人口的群体性老化，是老年人在总人口中的比重不断上升或群体平均寿命延长的过程。[①]不过，在人口老龄化研究中，人们通常都是从后一种含义的角度来理解人口老龄化的，即人口群体的老龄化：老年人口在总人口中所占比重不断提高的过程。所以，我们讲的老龄化，都是人口老龄化。

根据人体的生理机能、心理状态和在社会中扮演的社

① 苏振芳主编《人口老龄化与养老模式》，社会科学文献出版社2014年版，第1页。

会角色，我们可以从生理年龄、心理年龄和社会年龄的角度来衡量老年人。目前，多数国家和国际组织，以及专家学者都是按照生理年龄来界定老年人的。各个国家采用的老年人标准不同。国际上通常用 60 岁和 65 岁作为标准，超过 60 岁或 65 岁的人为老年人。世界卫生组织还将老年人区分为初老期老年人（60 ～ 74 岁）、中老期老年人（75 ～ 85 岁）和老老期老年人（85 岁以上）。[①]

人口老龄化的程度、速度和抚养比，是反映一个国家或地区人口老龄状况的三个主要指标。联合国曾经在 1956 年的《人口老龄化及其社会经济后果》中提出，从老年人口比例、少儿人口比例、老少比、人口年龄中位数等方面，来判定一个国家或地区是否进入老龄化社会。衡量一个国家或地区进入老龄化社会的主要标准，即一个国家或地区 60 岁及以上人口占该国家或地区人口的 10% 或以上，或者 65 岁及以上人口占该国家或地区人口的 7% 及以上。符合这个标准，则该国家或地区就进入了老龄化社会。后来，联合国在 2001 年的《世界人口老龄化报告（1950—2050 年）》中再次使用和肯定了这一标准。本书采用 65 岁及以上人口占该国家或地区人口的 7% 及以上即进入老龄

① 参见王德文、谢良地《社区老年人口养老照护现状与发展对策》，厦门大学出版社 2013 年版，第 2 页。

化社会为标准。

2000 年，发达国家 65 岁及以上老年人口所占比重达到 14.3%。预计到 2035 年左右，发达国家 65 岁及以上老年人口所占比重将达到 21.2%。[①] 据此，一些学者把 65 岁及以上老年人口占总人口的 14% 以上，称为“深度老龄化”；把 65 岁及以上老年人口占总人口的 20% 以上，称为“超级老龄化”。

当一个国家或地区 65 岁及以上老年人口数量占总人口的比重达到 7% 时，就意味着这个国家或地区进入了老龄化社会，达到 14% 即进入老龄社会，达到 20% 则进入超老龄社会。从老龄化的进程划分，老龄化可分为轻度老龄化、中度老龄化和重度老龄化。这也是目前衡量老龄化程度的国际通用标准。

从历次人口普查的数据看，我国人口老龄化逐步加深的特征越来越明显。1953 年、1964 年和 1982 年的全国人口普查，65 岁及以上人口所占比重均在 5% 以下。1990 年首次超过 5%，达到 5.57%，2000 年达到 7%，2010 年达到 8.87%，2020 年达到 13.5%。2000 年，我国迈进老龄化社会。受 20 世纪 60 年代出生高峰期人口已经或即将进

① 参见杨燕绥主编《中国老龄社会与养老保障发展报告（2013）》，清华大学出版社 2014 年版，第 12 页。

入老年阶段的影响，我国老年人口的增长将进入快速增长通道。原来预计“十四五”时期内，我国 65 岁及以上老年人口所占比重将超过 14%，达到中度老龄化水平。实际上，截至 2021 年末，我国 65 周岁及以上老年人口已经占总人口的 14.2%，“十四五”开局第一年就迈进了中度老龄化阶段。

问题二

什么是“老”，60 岁就老了吗?

回答这个问题，首先要明确一点，就是“老年人”不是绝对的，而是相对的。必须适当淡化 60 岁作为划分老年人的年龄标准。

根据人体的生理机能、心理状态和在社会中扮演的社会角色，我们可以把人的生命周期划分为青少年期、中年期、老年期。但是，划分青少年、中年人、老年人的具体年龄标准，则不是固定的。在不同的人口预期寿命条件下，划分的具体标准是变化的。联合国曾经在 1956 年发布的《人口老龄化及其社会经济后果》中提出 60 岁及以上的人就是老年人，这一标准也被认为是国际上通用的老年人年龄标准。

但是，各个国家采用的老年人具体标准又是不同的，这在各个国家退休年龄的差异上体现得尤为明显。实际上，世界各国都默认，老年人的起始年龄就是退休年龄，年老了退出工作岗位。随着人口预期寿命的延长，当然也是为了应对人口老龄化和日益加大的养老金支付压力，许多国家都相继推出了提高退休年龄的举措。许多发达国家的人口平均预期寿命达到了 80 多岁，退休年龄则相应地延长到了 65 岁甚至更高，两者之差，大约为 15 年。换言之，一个国家或地区的平均预期寿命减 15 年，大体上也就是该国家或地区的退休年龄标准，这也是划分老年人的标准。这一标准不是固定的，而是随着人口预期寿命的延长而变动的。

我国有一句民间谚语“人生七十古来稀”，这指的是平均预期寿命比较短的时代。如果说在我国人口平均预期寿命才四五十岁时，60 岁确实是老年人了。20 世纪 50 年代初，我国人口的平均预期寿命只有 35 ～ 40 岁，到了 2022 年平均预期寿命已经提高到近 78 岁。所以，今天的 60 岁，同 20 年前、50 年前的 60 岁是不一样的。随着我国人口平均预期寿命的不断延长，老年人的年龄起点应该不断提高。60 岁并不意味着就成了要被“养”起来的“老人”，就成了闲人，成为社会和家庭的负担。60 岁或 60 多岁的人也不要把自己看作老年人。

我们制定养老服务发展规划，或者讨论养老服务相关议题时，简单地以 60 岁及以上人口为基数，实际上是没有太大意义的。因为 60 多岁且身体健康的人，不仅不需要社会和家庭“养”起来，他们在自我照顾的同时，还可以在国家经济社会发展、各种公益领域以及家庭发展中继续发挥作用，作出他们应有的贡献。

问题三

为什么人口老龄化是不可逆转的世界性趋势?

目前，我国正在经历着世界上规模最大，同时也是增长速度最快的人口老龄化过程。实际上，世界上许多国家和地区（特别是一些发达国家和地区）比我们更早进入老龄化社会。人口老龄化已经成为一种难以逆转甚至是不可逆转的世界性趋势。

人口老龄化是多种因素综合作用的结果，是“合力”的结果，但其中起决定性作用的主要因素有两个，即人口预期寿命和生育率。

一方面，人口预期寿命延长的趋势是不可逆的。

随着人口预期寿命的不断延长，老年人口在总人口中所占的比重越来越高。公元前 1 世纪欧洲人的平均预期寿命仅为 20 岁左右，1850 年左右达到 40 岁。也就是说，在漫长的近2000年时间里，欧洲人的平均预期寿命仅延长了一倍，也即平均每100年增长1岁。但是，欧洲人口的平均预期寿命在工业革命以后得到了快速增长。自1850年以来的100多年时间里，欧洲人的平均预期寿命就大约增加了30多岁。从世界各主要国家看，自1850年以来，人类预期寿命的延长是非常稳定的，延长速度一直保持在每年增加3个月左右。

新中国成立之初，我国人口的平均预期寿命只有35～40岁，到2022年已经提高至77.93岁。1950年以来，我国人口的平均预期寿命增长速度超过每年增加6个月。短短70多年时间，我国人口的平均预期寿命增长了一倍。

人口平均预期寿命的不断提高，是一系列经济社会因素综合作用的结果，本身也是“合力”共同作用的必然结果。这种合力，既包括经济的快速发展、人民生活水平的不断提高，也包括医疗卫生事业的发展进步。人口平均预期寿命的延长，是经济社会发展的一个重要标志。

另一方面，生育率持续下降。

随着人们生活水平的提高、医疗技术的发展和卫生环境的改善，婴儿死亡率和孕产妇死亡率大大下降。反映一个国家或地区生育水平的常用指标，包括人口出生率、育龄妇女总和生育率等。

所谓总和生育率，是指一个国家或地区在某一特定时期（通常为一年）中，各年龄育龄妇女的生育率之和。与总和生育率相联系的另一个重要概念，是更替水平生育率，即能够满足世代更替的生育率水平，也就是目前出生的孩子在成长到生育年龄时能够与其父母一代规模相当的生育水平。考虑到新生人口在成长到生育年龄前存在各种各样的死亡风险，在出生性别比正常（每 100 个女婴对应 105 ～ 107 个男婴出生）的情况下，更替水平生育率大约为 2.05 ～ 2.10，具体数值因死亡率水平而存在差异。当总和生育率为 2.10 时，人口处于稳定的世代更替状态；当总和生育率低于 2.10 时，就会出现人口老龄化。目前，世界上除部分特殊文化背景和处于特定发展阶段的国家外，多数国家的总和生育率都低于更替水平。

新中国成立以来，我国妇女的总和生育率呈明显下降趋势。根据人口统计资料，20 世纪 50 年代我国妇女的总和生育率为 5.88，20 世纪 60 年代下降到 5.68，20 世纪 70 年代下降到 4.01。从 1992 年开始，我国育龄妇女总和生育率已降到更替水平以下。2000 年，全国育龄妇女总和生育率为 1.22，除个别省份以外，大多数省份的总和生育率均低于更替水平。直到现在，我国育龄妇女的总和生育率也只有 1.2 左右。所以，当前我国人口发展面临的问题，首要的是生育率过低，远远低于人口正常世代更替水平。

对人口老龄化进程起决定性作用的人口预期寿命和生育率两个主要因素中，人口预期寿命的延长注定是不可逆转的趋势，因而只有生育率才是可变因素，是主动作为延缓人口老龄化进程的着力点。在生育意愿和生育率“双下降”的背景下，只有采取各种综合措施抑制生育率的下降趋势，使生育率尽可能接近人口正常世代更替水平，才是主动作为有效延缓人口老龄化进程的根本之策。所以，积极应对人口老龄化，必须有“两手”。既要做好“一老”，即包括养老保险、长期护理保险，特别是养老服务在内的养老保障体系的顶层制度设计，确保全体人民老有所养，并降低人口老龄化给经济社会发展带来的负面影响；也要做好“一小”，即优化生育政策、促进人口长期均衡和可持续发展的顶层制度设计，主动作为，有效延缓人口老龄化进程。

问题四

同其他国家或地区相比，我国人口老龄化有哪些特点？

人口老龄化是一个世界性趋势。但是，由于我国特定的人口国情以及我国强有力的人口政策的作用，同其他国家和地区相比，我国人口老龄化有如下特点。

一是人口老龄化速度快。虽然我国从2000年才开始进入老龄化社会，但我国是世界上人口老龄化速度最快的国家之一，老龄化速度远远快于世界平均水平，也快于绝大多数发达国家的平均水平。与2010年相比，2020年我国60周岁及以上老年人口、65周岁及以上老年人口占总人口的比重，分别上升5.44个百分点、4.63个百分点。

根据联合国人口司1990年修订的世界人口预测资料，1990—2025年，中国60岁及以上老年人口所占比重将增长115.09%，比日本快0.56倍，比美国快1.02倍，比法国快 1.63 倍，比英国快 2.73 倍。日本是世界上人口老龄化速度最快的国家之一，我国人口老龄化的速度同日本不相上下。65 岁及以上老年人口占总人口的比重从 7% 上升到 10%，日本用了 15 年，我国只用了 14 年（2000—2014 年）；65 岁及以上人口占总人口的比重从 10% 上升到 14%，日本用了 9 年，我国只用了 7 年（2015—2021 年）。

二是人口老龄化规模或老年人口规模十分庞大。日本 65 岁及以上老年人口达到 7% 时，老年人口只有 700 万人左右；占总人口的比重达到 14% 时，老年人口也只有 1 800 万人左右。2010 年，我国 65 岁及以上老年人口已经达到 1.19 亿人。2020 年，我国 65 岁及以上老年人口已经达到 1.9 亿人，占总人口的 13.5%。在中国 31 个省（自治区、直辖市）（不含港澳台）中，有 16 个省（自治区、直辖市）65 周岁及以上老年人口超过了 500 万人，其中有 6 个省（自治区、直辖市）超过了 1 000 万人。目前，我国是世界上唯一一个 65 岁及以上老年人口超过 1 亿人的国家，老年人口数超过了欧洲所有国家老年人口数的总和。联合国预测，21 世纪上半叶，我国仍将是世界上老年人口最多的国家，占全世界老年人口总量的 1/5。①

① 参见全国老龄办《中国人口老龄化发展趋势预测研究报告》，《中国妇运》2007 年第 2 期。

三是我国人口老龄化是在经济社会发展水平较低的情况下出现的，与经济发展相对滞后比较，有一个明显的“时间差”。与不少发达国家在经济高度发展基础上步入老龄化社会不同，我国是在经济发展水平还比较低的阶段就跑步进入老龄化社会，呈现出典型的“未富先老”特征。也有学者把这一特点概括为“未备先老”，即还没有来得及做好应对人口老龄化的经济、物质、人才、社会环境及政策设计等准备工作，老龄化社会就已来临。

发达国家进入人口老龄化社会时，人均国内生产总值（人均 GDP）一般都达到了 5 000 ～ 10 000 美元。[①] 瑞典、日本、英国、德国、法国等发达国家进入老龄化社会时，人均 GDP 都达到 10 000 ～ 30 000 美元。[②] 我国 65 岁及以上老年人口比重达到 7% 时的 2000 年，人均 GDP 还不到 1 000 美元。2014 年我国 65 岁及以上老年人口占总人口的比重超过 10% 时，人均 GDP 也才达到 7 485 美元。2019 年我国人均 GDP 首次站上 10 000 美元的新台阶，2021 年超过 12 000 万美元，2022 年继续保持在 12 000 万美元以上，达到 12 741 美元。随着我国经济的快速发展，我国经济总

① 参见全国老龄办《中国人口老龄化发展趋势预测研究报告》，《中国妇运》2007 年第 2 期。

② 参见杨翠迎主编《国际社会保障动态——社会养老服务体系建设》，上海人民出版社 2014 年版，第 212 页。

量从2010年已经跃居世界第二。但是，因为我国人口基数太大，人均GDP仍然处于全世界的中等水平，仍然是一个发展中国家。

四是我国人口老龄化具有空间分布（城乡之间、地区之间）不平衡的特点。2000年人口普查数据显示，我国农村65岁及以上老年人口占乡村总人口的比重达到8.1%，已经高于城镇65岁及以上老年人口占比6.0%和城市6.7%的水平。2020年人口普查数据则显示，我国农村65周岁及以上老年人口占乡村总人口的比重为17.72%，比城镇65周岁及以上老年人口占城镇总人口的比重高出6.61个百分点。

在地区分布上，总体上，人口密度较高的东南沿海地区除广东省以外，老年人口所占比例较高；人口密度较低的西北、西南地区，老年人口占比较低；其余中部地区，大致处于中间状态。事实上，广东省老年人口所占比重低，得益于广东省拥有大量来自省外的常住人口，并不能说明广东省人口老龄化速度慢、程度低。

五是我国人口老龄化的“低龄化”特征突出。根据2020年人口普查数据，在60周岁及以上老年人口中，60～69周岁的低龄老年人口占比为55.83%，70～79周岁老年人口占比为30.61%，80周岁及以上老年人口占比为 13.56%。低龄老年人口占老年人口的比重超过了一半。低龄、健康的老年人，可称为“活力老人”，这是推动我国经济社会发展和各方面事业的重要的人力资源。实施积极应对人口老龄化国家战略，发展养老服务，推动实现全体老年人享有基本养老服务，就要充分重视我国人口老龄化的这些特点。

六是我国人口老龄化可概括为“三多”加“一高”，即失能半失能老年人多、高龄老年人多、空巢或独居老年人多、老年人慢性病患病率高。据估测，在我国 2 亿多 60 岁及以上人口中，失能半失能老年人有 4 000 多万人；80 岁以上的高龄老年人 3 500 多万人；空巢或独居老年人有 1 亿人；患有一种及以上慢性病的老年人超过 1.9 亿人。20 年来，老年人慢性病患病率仍然在不断提高，而且城市比农村更严重。“三多”老年人和长年带病生存的老年人，大多数生活自理能力差，他们的日常生活照料、护理服务和疾病医疗问题越来越凸显，已经成为政府和社会迫切需要考虑的现实问题。

问题五

为什么人口老龄化既是挑战又是机遇?

人口老龄化是一个不可逆转的世界性趋势，它既给经济社会发展带来了巨大挑战，同时也为经济社会发展带来了新的机遇。特别要强调一点，人口老龄化是经济增长、居民生活水平提高、医疗卫生和人居环境改善等综合作用的结果，它是人类文明发展进步的一个重要标志。

但是，人口老龄化导致老年人口数量大幅增加，老年人口在总人口中所占比重上升，从而对经济社会发展带来了严峻挑战，这主要体现在对社会养老保险体系和社会养老服务体系两个方面的挑战。

一方面，从对社会养老保险体系的挑战来看：

首先，人口老龄化会拉升老年人抚养比，进而拉升社会总抚养比。老年人抚养比是指 100 个劳动年龄人口所要负担的老年人口的比重。老年人口抚养比加上少儿人口（0～14岁）抚养比，构成社会总体抚养比。老年人口抚养比的不断上升，自然会加重劳动年龄人口的负担。以2021年为例，2021年末全国参加城镇职工基本养老保险人数为48 074万人，其中参保职工34 917万人，参保离退休人员13 157万人。意味着平均2.65个在职职工要负担一个离退休人员。

其次，人口老龄化加大了养老保险制度可持续发展的难度。目前，我国养老保险参保人员的老龄化程度日趋严重，参保人员中超过27%为离退休人员。从2005年开始，连续十几年调高企业（2016年后含机关事业单位）退休人员养老金，全国离退休人员基本养老金水平提高了数倍。

最后，人口老龄化加重了我国养老保险基金的支付压力和政府财政负担。据测算，按现行退休年龄和8%个人账户做实方案计算，2006年我国当期养老统筹基金开始出现赤字。由于统筹层次低，在全国养老保险基金总体尚有结余的情况下，中央财政已经从1998年开始补贴部分地区的基本养老保险基金缺口。因此，随着人口老龄化加剧，财政补贴还将增加，政府的财政压力会进一步加大。

另一方面，从对社会养老服务体系的挑战来看：

第一，随着人口老龄化的加重，老年人对入住养老机构的需求迅速膨胀，老年人入住养老院（托老所、敬老院）难的问题突出。一方面，随着家庭结构的深刻变化，家庭养老功能越来越弱；另一方面，原来由政府和企业承担的大部分养老服务职能，随着政府职能转变和企业改革而被剥离，而社会化养老服务体系建设又远远没有跟上社会养老服务需求的膨胀速度，老年人对入住养老机构的需求越来越大，许多失能失智老人、空巢老人、高龄老人等只能无奈地等待着养老机构的床位出现空缺。

第二，随着人口老龄化的加速，特别是失能老人、高龄老人、空巢老人增多，老年人对护理服务的需求越来越旺盛，但护理服务的发展远远不能满足老年人的护理服务需求。

第三，同前一点相联系，老年人随着年龄的增大，各种慢性疾病频发，对医疗保健的需求加大。在我国，慢性病已经成为影响老年人自理能力，并因此引发并发症和后遗症导致护理需求不断增长的一个主要因素，也已经成为我国老年人群体的主要卫生保健问题。

第四，在我国，90% 的老年人选择的是居家养老，但因为家庭小型化，且正处于劳动年龄的家庭成员又要工作，家庭成员不可能全部承担老年人的生活照料服务，因而老年人对社会和社区的生活照料服务需求剧增。但是，无论是社区还是整个社会，都没有做好相应的准备，以有效应对老年人剧增的生活照料服务需求。

第五，老年人由于年老和退出工作岗位，加上大部分老年人的子女因为工作、居住及出国等原因又不在身边，容易产生不同程度的失落感和孤独感，对精神慰藉的需求非常强烈。

第六，因为老年人群的特殊性，对各种相关老年产品的需求迅速攀升，既为老年产业的开发和生产提供了广阔的市场空间，也对老年产品的开发和生产提出了严峻的挑战。

在我国社会养老保险制度全民覆盖且保障水平不断提高的背景下，加快发展社会养老服务业，以更好地满足老年人的养老服务需求，就成为当前我国社会养老保障体系建设的重中之重。社会养老保险的功能主要是解决养老金的问题，但是，有钱并不能完全解决养老难的问题。因为养老服务供给结构的失衡和短缺，有钱也购买不到养老服务，不仅服务质量难以保障，而且服务价格将快速上涨，远远超过多数老年人的承受能力。

在客观地看到人口老龄化对经济社会发展带来严峻挑战的同时，我们也要看到人口老龄化给经济社会发展带来了特殊的机遇。要辩证地、历史地、全面地从战略的高度认识这个机遇，抓住这个机遇。

首先，老年人是推动国家经济社会发展和各方面事业的重要人力资源。在我国 2 亿多 60 岁及以上的老年人口中，相当大一部分是低龄、健康的老年人，也就是我们通常所讲的“活力老人”。也正是因为这样，《中共中央国务院关于加强新时代老龄工作的意见》明确要求，要“把老有所为同老有所养结合起来，完善就业、志愿服务、社区治理等政策措施，充分发挥低龄老年人作用”。党的十九届五中全会审议通过的《中共中央关于制定国民经济和社会发展第十四个五年规划和二〇三五年远景目标的建议》中指出，把“积极开发老龄人力资源，发展银发经济”作为积极应对人口老龄化国家战略的一个重要方面。相当多的老年人，尤其是专业技术人员“退而不休”，仍然在工作。在城乡基层社区治理、社会矛盾调处化解、社会治安维持、扶老助残、幼儿教育、环境卫生以及文化传承等方面，老年人广泛参与并发挥着越来越重要的作用。大批老年人积极参与志愿服务等无报酬的活动，在志愿工作岗位上作出了积极贡献。

其次，老年人是我国的一支重要消费生力军。2023 年《政府工作报告》提出，要“把恢复和扩大消费摆在优先位置”。新冠疫情发生前，消费已经成为我国经济增长的主要拉动力。面对需求不足甚至出现收缩，需要推动消费尽快恢复。我国有 2 亿多老年人口，同全国人民一样，他们向往更加美好的生活。老年人的美好生活，离不开优质的养老服务和与老年生活相关的食品、药品以及老年用品的供给。随着经济的发展，老年人的养老金水平不断提高，分享到了经济社会发展的成果。老年人的消费潜力是巨大的，充分激发和释放广大老年人的消费潜能，必将对恢复和扩大国内消费产生难以估量的效应。

最后，老年人是支撑我国经济持续快速发展的新动能。要围绕构建新发展格局，立足超大规模市场优势，坚持实施扩大内需战略，培育更多经济增长动力源。这个动力源，就包括了被誉为“朝阳产业”的养老产业，或者说“银发经济”。老年人对养老服务、养老产品的巨大需求形成的巨大市场，将推动我国相关产业的快速发展，从而推动我国经济持续快速发展。

问题六

为什么要提出和使用健康预期寿命这一指标？

党的十九大报告指出，“人民健康是民族昌盛和国家富强的重要标志。要完善国民健康政策，为人民群众提供全方位全周期健康服务”。党的二十大报告再次强调：“人民健康是民族昌盛和国家强盛的重要标志。把保障人民健康放在优先发展的战略位置，完善人民健康促进政策。”《中华人民共和国国民经济和社会发展第十四个五年规划和2035年远景目标纲要》（以下简称“十四五”规划）提出了“十四五”期间“人均预期寿命提高1岁”的目标。《“十四五”国民健康规划》则提出了“人均预期寿命在2020年基础上继续提高1岁左右，人均健康预期寿命同比例提高”的目标。

新中国成立70多年来，我国人民的健康水平有了很大的提高。从国际通用的衡量国民健康水平的三大指标（人均预期寿命、孕产妇死亡率和婴儿死亡率）来看，我国人民的健康水平已经达到中高收入国家和地区的平均水平。2020 年，我国孕产妇死亡率下降到 16.9/100 000，婴儿死亡率下降到 5.4‰；同期中高收入国家分别为 55/100 000 和26‰。2022年我国人均预期寿命达到77.93岁。应该说，孕产妇死亡率和婴儿死亡率两项指标，我国已经下降到极低的水平，平均预期寿命同发达国家还有差距，但这个差距也不是太大。

新中国成立之初，我国人口的平均预期寿命只有 35 ～ 40 岁。短短 70 多年，我国人口的平均预期寿命增长了一倍。但是，“长寿不健康”的状况值得引起高度的重视。国家人口普查、卫生主管部门的调查和一些学术研究机构的调查，都得出一个共同的结论——我国老年人口的健康状况不容乐观。

第一，目前，我国失能、半失能老年人已经超过 4 000 万人。根据 2008—2009 年我国高龄老年人健康长寿跟踪调查数据，65 ～ 74 岁老年人吃饭、洗澡、穿衣、上厕所、室内走动和控制大小便完全需要帮助的比例，分别为 0.3%、1.6%、1.3%、0.7%、0.7% 和 0.4%，而 85 岁及以上的老年人这六项指标分别为 4.1%、21.6%、12.5%、

6.4%、5.7% 和 1.7%。根据 2010 年人口普查资料，60 岁及以上老年人口中生活完全不能自理者占比达到 2.95%，农村老年人生活不能自理的比例还高于城镇。随着年龄的增长，老年人的各项生活自理能力均呈快速下降的趋势，相当多的老年人是瘫痪在床度过余生的。

第二，随着我国经济社会的发展和医疗卫生事业的进步，我国人口的疾病谱正在发生显著变化，以急性传染病和感染性疾病为主的疾病谱，已经转变为以慢性、非传染性疾病及与人们不良的生活方式密切相关的疾病为主的疾病谱，老年人慢性病患者剧增。根据国家卫生健康委的数据，我国 65 岁及以上老年人慢性病患病率 2003 年为 53.9%，2008 年上升到 64.5%。

根据国家卫生健康委公布的数据，2018 年我国人均预期寿命为 77 岁，人均健康预期寿命仅为 68.7 岁，老年人平均有 8 年多的时间带病生存。近年来，人均预期寿命与人均健康预期寿命之差有所缩小，但仍然维持在 7 年左右。

在平均预期寿命不断延长的前提下，平均预期寿命与平均健康预期寿命之差越小，即长寿且健康，说明国民的健康水平越高。因此，平均健康预期寿命比平均预期寿命更能全面、科学、客观地反映人民健康水平。实际上，平均预期寿命指标本身就有局限性。在平均预期寿命比较短的历史时期，平均预期寿命的延长确实能够有效地反映国民健康水平的提高。但是，在平均预期寿命达到 80 岁左右时，平均预期寿命延长的空间越来越小，它并不能真实地反映国民健康水平提高的程度。近年来，美国的平均预期寿命甚至出现了小幅下降，但并不意味着美国国民的健康水平出现了下降。因而，在平均预期寿命达到 80 岁左右的时候，用平均预期寿命来衡量国民健康水平是可能失真的。

所以，我们既要重视提高平均预期寿命，更应当重视提高平均健康预期寿命。平均预期寿命和平均健康预期寿命同步提高，只能说明老年人的健康水平不下降。只有在提高平均预期寿命的同时，更快地提高或者更大幅度地提高平均健康预期寿命，才能真正说明老年人的健康水平提高了。要重视平均健康预期寿命指标的导向功能，引导医疗卫生资源，特别是人力、物力、财力的投入方向，引导我国卫生健康发展模式从以疾病治疗为中心真正转变为以人民健康为中心。

问题七

如何理解积极应对人口老龄化国家战略的深刻内涵？

党的十九届五中全会审议通过的《中共中央关于制定国民经济和社会发展第十四个五年规划和二〇三五年远景目标的建议》（以下简称《建议》）提出“实施积极应对人口老龄化国家战略”。这是首次在党的全会文件中把积极应对人口老龄化上升为国家战略，标志着实施积极应对人口老龄化国家战略已经成为我国人口长期发展的主要任务，也为“十四五”时期乃至今后更长时期应对人口老龄化提供了基本遵循。党的二十大报告再次强调：“实施积极应对人口老龄化国家战略，发展养老事业和养老产业，优化孤寡老人服务，推动实现全体老年人享有基本养老服务。”自2000年进入老龄化社会以来，我国老龄化程度持续加深，人口老龄化已经成为贯穿我国21世纪的基本国情，是我国人口长期均衡发展急需解决的重要矛盾。为此，必须以积极的态度、积极的政策、积极的行动，更加积极地应对人口老龄化。“十四五”规划对“十四五”期间实施积极应对人口老龄化国家战略作出了具体部署。

影响人口老龄化进程的主要因素决定了应对人口老龄化的战略选择。如前所述，人口老龄化是“合力”的结果，但其中起决定性作用的是人口预期寿命和生育率两个主要因素。积极应对人口老龄化，必须有“两手”。既要做好“一老”，也要做好“一小”，以“一老一小”为重点完善人口服务体系，促进人口长期均衡发展。

根据党的十九届五中全会通过的《建议》，积极应对人口老龄化国家战略主要包括三个方面。

一是优化生育政策，主动作为，延缓人口老龄化进程。

积极应对人口老龄化，必须优化生育政策，促进人口的长期均衡和可持续发展，主动作为，努力延缓人口老龄化进程，为做好应对人口老龄化的各方面准备工作争取更长的“窗口期”。针对我国生育成本越来越高、国民生育意愿下降、生育率持续走低的现实，要实现“全面三孩”政策的目标，促进我国人口长期均衡和可持续发展的目标，必须制定和实施与生育政策相配套的一系列经济社会政策。党的十九届五中全会通过的《建议》提出，要“制定人口长期发展战略，优化生育政策，增强生育政策包容性，提高优生优育服务水平，发展普惠托育服务体系，降低生育、养育、教育成本，促进人口长期均衡发展，提高人口素质”。这是具有极为重大现实意义和针对性的政策导向。国家“十四五”规划对增强生育政策包容性，推动生育政策与经济社会政策配套衔接，减轻家庭生育、养育、教育负担，释放生育政策潜力，以及发展普惠托育服务体系，健全支持婴幼儿照护服务和早期发展的政策体系作出了具体部署，提出了具体的政策举措。

从许多国家和地区鼓励生育的政策、措施的制定和实施情况看，效果通常要 5 ～ 10 年才能显现出来。面对我国目前生育率持续走低、人口老龄化加速的严峻现实，必须抓紧优化生育政策的顶层制度设计。

二是坚持积极的老龄化理念，深入开发老龄人口人力资源。

人口是影响国民经济和社会发展的基础性和关键性变量。在我国 2 亿多 60 岁及以上的老年人口中，相当大一部分是低龄、健康的“活力老人”，这是推动我国经济社会发展和各方面事业的一支重要人力资源。随着我国经济社会的不断发展以及人均寿命的不断延长，相应延迟退休年龄是一种必然趋势。

三是推动养老事业和养老产业协同发展，健全基本养老服务体系，改善老年人生活品质。

积极应对人口老龄化，必须健全基本养老服务体系。目前，我国养老服务发展仍然存在发展不平衡、总体质量和水平有待提高，养老服务供给与老年人养老服务需求相脱节，以及人才队伍建设、行业规范建设不足等亟待解决的突出问题。要确保在保障人人享有基本养老服务的基础上，有效满足老年人多样化、多层次养老服务需求，使老年人及其子女获得感、幸福感、安全感显著提高，必须打通"堵点"，消除"痛点"，破除发展障碍，健全市场机制，持续完善居家社区机构养老相协调、医养康养相结合的养老服务体系。

我国养老服务体系建设的总体思路，经历了从居家为基础、社区为依托、机构为支撑，到居家为基础、社区为依托、机构为补充的转变，进而调整为推动居家社区机构相协调、医养康养相结合的养老服务体系。从目前来看，机构养老得到了长足的发展，社区养老也有了起色，但最大的短板恰恰是居家养老这一基础没有打牢，满足绝大多数老年人需求的居家养老服务没有得到应有的发展。"十四五"期间，发展养老服务的重点必须切实从以前重机构、轻居家转变到打牢居家养老的基础地位上来，从以前把大量人力、物力、财力用于建设养老机构、增加养老床位转变到健全和完善居家养老服务支持体系上来，以满足绝大多数老年人居家养老服务的需求。

首先，要支持家庭承担养老功能。支持家庭承担养老功能，必须加强家庭、家教、家风建设，加快发展健康、养老、家政、物业等服务业，健全老年人、残疾人关爱服务体系和设施。我国目前仍有大量的老旧居民住房不符合适老化要求，要扎实推进老年人家庭住房适老化改造。要采取切实措施，把鼓励和支持家庭成员与老年人共同或就近居住落到实处。上门服务要可持续，必须走出一条老年人付得起、机构和企业能盈利的路子，采取切实措施扶持、培育居家养老上门服务机构和企业。要健全农村留守老人和城乡空巢老人、失能失智老人、高龄老人，以及计划生育特殊家庭老人关爱服务体系，并把子女常回家看看、社区工作人员定期巡查、志愿者和义工上门巡访、低龄健康老人与高龄失能失智老人结对帮扶、驻区单位和其他社会组织积极参与关爱服务机制化制度化。在做好生活照料和医疗护理服务的同时，更加注重人文关怀，更加注重心理疏导、危机预防，更好地满足老年人多样化、多层次化、个性化的精神文化需求。

其次，要鼓励和支持发展互助养老。要鼓励和支持以农村幸福院为代表的据点式社区互助养老模式，鼓励和支持抱团式养老、旅居式养老、候鸟式养老、度假式养老等新型互助养老业态的发展，相关部门要在价格、专业化服务以及意外风险的防控等方面加强引导和规范。

问题八

如何准确把握我国人口发展的总体态势？

实施积极应对人口老龄化国家战略，是党中央准确把握我国人口发展的总体态势作出的重大决策部署。那么，我国人口发展的总体态势是什么样的，如何准确把握这一总体态势呢？

我国分别在1953年、1964年、1982年、1990年、2000年、2010年和2020年，先后进行了七次全国人口普查。根据第七次全国人口普查结果，并对比前几次人口普查数据，我们可以清晰地看到我国人口发展的一系列明显特征。

一是人口总体规模仍然在增加，但人口增长率呈下降趋势。根据第七次全国人口普查结果，截至2020年末，我国总人口约为14.1亿（不含港澳台地区人口），我国人口约占全球总人口的18%，仍然是世界上第一人口大国。比较1953—2020年七次全国人口普查数据，可以发现我国人口增长率变化的阶段性特征。从1953—1982年的快速增长阶段，转变为1982—2010年的增长速度明显下降阶段，再转变为2010—2020年的稳中有降的阶段。

二是出生率持续下降，死亡率由下降转为上升，人口发展面临巨大压力。新中国成立以后，我国曾经出现过两次人口生育高峰：第一次是1949—1958年，人口增加1.2亿人；第二次是1961—1970年，人口增加1.7亿人。这两个时期，我国总人口净增了将近3亿人。为抑制人口的过快增长，从20世纪70年代初开始，我国开始推行全面的计划生育，提出和实施限制人口增长的政策。计划生育政策的推行，使我国人口出生率从1970年的33.43‰快速下降到1979年的17.82‰，2004年下降到12.29‰，2010年进一步下降到12‰以下，2022年出生率仅为6.77‰。与此同时，除了三年困难时期，我国人口死亡率在很长一段时期内都是持续下降的。我国人口自然增长率从20世纪90年代末的15‰以上，一路下滑至2019年的3.34‰，已经预示着总人口将走向负增长的基本趋势。2022年，全年出生人口仅956万人，死亡人口1 041万人，死亡人口数超过出生人口数。2022年末全国人口总数比2021年末减少 85 万人，人口自然增长率为 -0.60‰。这是我国 61 年来首次出现人口负增长。

三是人口年龄结构的变化，凸显老龄化加速态势。人口老龄化是中国人口发展的显著特征。根据第七次全国人口普查结果，2020 年我国 60 岁及以上人口占总人口的 18.70%，其中，65 岁及以上人口占 13.50%。2010—2020 年，我国 0 ～ 14 岁少儿人口占总人口的比重上升 1.35%，15 ～ 59 岁人口占总人口的比重下降 6.79%，60 岁及以上老年人口占总人口的比重上升 5.44%。从历次人口普查变化趋势来看，人口老龄化逐步加深的特征越来越明显。1953 年、1964 年和 1982 年人口普查，65 岁及以上人口占比均在 5% 以下，1990 年比 1982 年上升 0.66 个百分点，2000 年比 1990 年上升 1.39 个百分点，2010 年比 2000 年上升 1.91 个百分点，2020 年比 2010 年上升 4.63 个百分点。受 20 世纪 60 年代出生高峰期人口已经或即将进入老年阶段的影响，我国老年人口的增长将进入快速增长通道。

四是人口城镇化速度加快，人口的城乡结构得到快速调整。2020 年，我国城镇人口占总人口的 63.89%，乡村人口占总人口的 36.11%。与 2010 年相比，城镇人口比重上升 14.21%，年均增长 1.42%。其中，从乡村流向城镇的人口为 2.49 亿人。城镇化进程的加快，使我国人口的城乡结构发生了重大改变。1953 年第一次全国人口普查时，我国城镇人口比重只有 13.26%。在随后严格的户籍管理制度和城乡二元经济结构的约束下，城镇人口占总人口的比重上升十分缓慢。从 1985 年开始，国家陆续出台了一系列允许农民进城的政策。1990 年第四次全国人口普查时，我国城镇人口占总人口的比重已经上升到了 26.44%。也是从这个时候开始，我国城镇化进程速度明显加快。到 2000 年我国城镇化水平提高到 36.22%，2010 年提高到 49.68%，城镇人口和乡村人口比重基本相等。从这时起，我国人口的城乡结构开始逆转，从一个以农村人口为主、农村人口占多数的国家向以城镇人口为主体、城镇人口占多数的国家转变。2020 年我国城镇人口所占比重达到 63.89%，2022 年进一步提高到 65.22%。

五是人户分离和流动人口大幅度提升，人口向东南沿海聚集。2000 年第五次全国人口普查时，我国人户分离人口为 1.4 亿人，占全国总人口的 11.4%；流动人口 1.2 亿人，占全国总人口的 9.6%。2010 年，人户分离人口增长到 2.6 亿人，占总人口的 19.5%；流动人口为 2.2 亿人，占总人口的 16.5%。2020 年，人户分离人口大幅度增加到 4.9 亿人，占全国人口的 34.9%；流动人口规模达到近 3.8 亿人，占总人口的 26.6%。从人口城乡流动看，主要是从农村向城市流动；从人口区域流动看，主要是从内陆地区向东部沿海地区流动。前者推动着人口城镇化的快速发展，后者则进一步固化了“胡焕庸线”。从黑龙江的黑河到云南的腾冲，是我国人口的地理分界线，在国际上被命名为“胡焕庸线”。该线的东南部，土地面积仅占全国总面积的43%，人口却占全国总人口的约94%；该线的西北部，土地面积占全国总面积的57%，人口仅占全国总人口的约6%。

六是总人口性别比进一步优化，但出生人口性别比仍处于高位。人口性别比，指以女性为100，男性与女性的比例。又可以细分为总人口性别比和出生人口性别比。男性偏多、女性偏少，人口性别比偏高，长期以来是我国人口的一个重要特征。从历年人口普查数据来看，总人口性别比在历经下降、上升、下降的阶段性交替之后，出现了明显的下降趋势，总人口性别结构得到了有效优化。但是，我国出生人口性别比在1982年第三次人口普查时达到108.5，超过了国际公认的正常比值（102～107）。1990年上升到了111.3，2000年进一步提高到116.9，2010年达到118.1。2020年我国出生人口性别比下降为111.3，与1990年持平。尽管近年来我国出生人口性别比出现了明显下降，但仍远远高于出生人口性别比的正常水平，使出生人口性别比回归正常水平仍然需要作出多方面的努力。

七是我国人口的平均受教育年限大幅增加，国民科技文化素质稳步提高。我国人口的受教育水平明显提高，人口素质不断提升。根据2020年第七次全国人口普查数据，我国人口中拥有大学（指大专及以上）文化程度的人口为2.18亿人，拥有高中（含中专）文化程度的人口为2.13亿人。我国人口中拥有大学和高中文化程度的人口所占比重不断上升，15岁及以上人口的平均受教育年限提高到9.91年，国民科技文化素质稳步提高。

从上述分析我们可以看出，当前我国人口发展正处在一个关键的转折时期。尽管我国仍然是世界上第一人口大国，但增幅持续缩减，并于2022年开始出现负增长。在出生率持续下降，死亡率由下降转为上升的背景下，人口发展面临巨大压力，特别是2022年出现人口负增长，这将对我国经济社会发展以至中华民族的伟大复兴产生一系列深远而重大的影响。

问题九

如何全面理解促进我国人口长期均衡发展的战略意义？

人口发展是关系中华民族发展的大事情。我国是世界上人口最多的国家，人口问题始终是一个全局性、战略性问题。人口发展是关系中华民族发展的大事情，是真正的“国之大者”。早在2010年，党的十七届五中全会首次提出了“促进人口长期均衡发展”的目标。2011年，十一届全国人大四次会议通过的《中华人民共和国国民经济和社会发展第十二个五年规划纲要》明确提出：“控制人口总量，提高人口素质，优化人口结构，促进人口长期均衡发展。”

党的十八大以来，党中央高度重视人口问题，根据我国人口发展变化形势，适时作出了逐步调整完善生育政策、促进人口长期均衡发展的一系列重大决策。2012年，党的十八大强调要促进人口长期均衡发展。2016 年，国务院发布《国家人口发展规划（2016—2030 年）》，以促进人口长期均衡发展为主线，提出了人口长期均衡发展的总目标。2020 年，党的十九届五中全会通过的《建议》强调，要制定人口长期发展战略，促进人口长期均衡发展。2021 年，十三届全国人大四次会议通过的“十四五”规划，再次强调要“制定人口长期发展战略，优化生育政策，以‘一老一小’为重点完善人口服务体系，促进人口长期均衡发展”。2021 年 5 月 31 日，中共中央政治局会议决定，进一步优化生育政策，实施一对夫妻可以生育三个子女的政策及配套支持措施。2021 年 6 月 26 日，中共中央、国务院作出《关于优化生育政策促进人口长期均衡发展的决定》，进一步明确促进人口长期均衡发展的指导思想、主要原则和目标，并对组织实施好三孩生育政策、提高优生优育服务水平、发展普惠托育服务体系、降低生育养育教育成本、加强政策调整有序衔接和强化组织实施保障作出了具体部署。

促进人口长期均衡发展，是新时代我国人口发展的重大政策取向，必须从中华民族发展的战略高度充分认识这一问题的重要意义。

第一，人口的长期均衡发展是中华民族发展的大事情，事关国家长治久安，事关民族永续发展。人口多了不好，但也绝对不是越少越好。根据全国人口普查数据，“80后”“90后”“00后”人口分别是2.19亿人、1.88亿人、1.47亿人。从“80后”到“00后”，人口萎缩了约32%。如果总和生育率一直维持在1.2～1.4的水平，那么总人口在达到峰值后将以每50年减少一半的速度萎缩。2022年，我国人口已经出现净减少，这是一个值得高度警惕的信号，只有保持适度的人口规模，才能确保我国人口安全。人口安全是非传统安全谱系中的重要一维，是人口均衡、可持续、高质量发展的底线、红线和防线，在国家总体安全中占据基础性地位，举足轻重。人口始终是经济社会发展和民族复兴的第一资源，必须从国计民生和中华民族伟大复兴的战略高度，充分认识促进我国人口长期均衡发展的极端重要性。

第二，人口的长期均衡发展是应对世界百年未有之大变局的关键因素之一。当今世界，正处于百年未有之大变局的关键时期。我们必须从关系中华民族伟大复兴、应对世界百年未有之大变局的高度，充分认识促进人口长期均衡发展的战略意义。从新中国成立初期，到改革开放，特别是进入21世纪以来，我国人口形势发展了一系列新变化。从人口总量来看，我国人口基数大、人口众多的基本国情没有改变，但我国人口在总量保持增长的同时增速持续放缓。我国人口占世界总人口的比重不断下降，从1950年的21.8%下降到2020年的大约18.5%。只有促进我国人口的长期均衡发展，并保持在世界总人口中的适当比重，才能充分发挥我国人口优势，为国家经济社会发展和民族伟大复兴创造必要的人口条件。

第三，人口的长期均衡发展是落实积极应对人口老龄化国家战略的重要一环。老龄化是全球性人口发展大趋势，也是我国发展面临的重大挑战。我国目前正经历着世界上规模最大，同时也是速度最快的人口老龄化过程。历次全国人口普查数据显示，我国65岁及以上的老年人口占总人口的比重，1953年为4.41%，1964年为3.56%，1982年为4.91%，1990年为5.57%，2000年为7%，2010年为8.87%，2020年第七次全国人口普查时已经高达13.50%。这说明，我国2000年已进入老龄化国家的行列。我国用较短的时间实现了人口再生产类型的转变，从年轻型人口国家转变为成年型人口国家，并继而转变为老年型人口国家。“十四五”期间，我国人口进入中度老龄化阶段，2035年前后进入重度老龄化阶段，将对经济运行全领域、社会建设各环节、社会文化多方面产生深远影响。优化生育政策、促进人口长期均衡发展，有利于释放生育潜能，减缓人口老龄化进程，促进代际和谐，增强社会整体活力。

第四，人口的长期均衡发展是保持人力资源禀赋优势的必要条件。人口是社会发展的主体，也是影响经济可持续发展的关键变量。当前，我国正处于从人口大国向人力资本强国转变的重大战略机遇期。2017 年我国人口净增加（出生人口数减去死亡人口数）737 万人，2018 年增加 530 万人，2019 年增加 467 万人，2020 年增加 204 万人，2021 年只增加 48 万人，而 2022 年甚至减少 85 万人。人口增量的减少导致我国劳动年龄人口减少。我国从 2017 年开始，劳动力数量已经下降。在可以预见的未来，劳动年龄人口下降态势将不可逆转，劳动年龄人口规模也将持续萎缩。2012 年以来，我国劳动年龄人口（15 ～ 59 岁）每年减少几百万人，已累计减少 4 000 万人以上。人口进入负增长阶段以后，劳动年龄人口规模下降速度就会进一步加快，劳动年龄人口占总人口的比重将下降到 2050 年的 50% 左右，且劳动年龄人口年龄中位数上升，劳动力年龄结构老化。尽管随着我国人口的教育水平、健康水平等持续改善，人口红利仍然存在，但劳动年龄人口增量的下降和总量的减少，使以劳动力充裕、劳动年龄人口年轻化为主要特色的人口红利逐步减退。因此，要保持和发挥我国人力资源禀赋优势，必须促进人口的长期均衡发展。根据第七次全国人口普查结果，2020 年我国 0 ～ 14 岁少儿人口占比从 2010 年的 16.6% 提高到了 17.95%。近年来，由于政策调整，全国累计多出生二孩 1 000 多万人。可以说，人口政策的调整取得了积极成效，为未来劳动力供给的改善提供了相对稳定的支撑。

第五，人口的长期均衡发展是促进人与自然和谐共生的基础性条件。在未来相当长时期内，我国人口众多的基本国情不会根本改变，人口对经济社会发展的压力不会根本改变，人口与资源环境的紧平衡状态不会根本改变，脱贫地区以及一些生态脆弱、资源匮乏地区人口与发展的矛盾仍然比较突出。优化生育政策，促进人口长期均衡发展，有利于进一步巩固脱贫攻坚和全面建成小康社会成果，引导人口区域合理分布，促进人口与经济、社会、资源、环境协调可持续发展。

问题十

如何认识我国生育政策的调整和优化过程？

我国的人口发展目标，就是要促进人口长期均衡发展。因此，人口政策不是一成不变的，必须随着人口变化和经济社会发展进行动态调整。

我国的人口政策是在实践中逐步形成和调整的。新中国成立以后到21世纪初，我国逐步形成和实施了“计划生育”的人口政策，其核心内容可以概括为：提倡晚婚、晚育，少生、优生，提倡一对夫妇只生育一个孩子，严格控制二胎，坚决杜绝三胎。国家干部和职工、城镇居民，除特殊情况经过批准外，一对夫妻只生育一个孩子；农村某些群众确有实际困难，要求生育第二胎的，经过批准可以间隔几年以后生育第二胎；除国家另有规定的以外，不论哪种情况都不能生育第三胎；少数民族地区也要提倡计划生育，具体要求和做法可由有关省、自治区、直辖市根据当地实际情况制定。

1954 年，经济学家马寅初提出了人口问题以及控制人口过快增长的思路。1955 年，中共中央发出《关于节制人口问题的指示》，提出“在当前的历史条件下，为了国家、家庭和新生一代的利益，我们党是赞成适当地节制生育的”。1956 年，周恩来同志在《关于发展国民经济的第二个五年计划的建议的报告》中提出：“为了保护妇女和儿童，很好地教养后代，以利民族的健康和繁荣，我们赞成在生育方面加以适当的节制。”首次正式表明了我国政府在人口方面的政策性观点。1962 年，中共中央和国务院联合发布的《关于认真提倡计划生育的指示》提出，“使生育问题由毫无计划的状态逐渐走向有计划的状态，这是我国社会主义建设中既定的政策”。1964 年，国务院成立了计划生育办公室。当时的号召是“一个不少，两个正好，三个多了”。

为了抑制人口的高速增长，从 20 世纪 70 年代初开始，我国政府开始全面推行计划生育，并提出了限制人口增长的政策。1973 年，国家把人口指标第一次列入国民经济发展计划中，国务院恢复了计划生育领导小组，负责全国计划生育的日常管理工作，各省、自治区、直辖市和基层单位成立了计划生育工作机构，广泛深入推行计划生育工作，进一步提出了“晚、稀、少”的要求，有关计划生育的各项政策法规先后颁布实行。1978 年，党的十一届三中全会提出了“最好只生一个”和“晚婚、晚育，少生、优生”的号召，同年中共中央 69 号文件又提出一对夫妇生育子女“最好一个，最多两个”的号召。1980 年，中共中央发出指示，要求共产党员和共青团员响应“一对夫妇只生育一个孩子”的号召。1981 年的《政府工作报告》中提出，“限制人口数量，提高人口质量，这就是我们的人口政策”。1982 年，党的十二大报告又提出，“实行计划生育，是我国的一项基本国策”。

实行计划生育政策以来，我国累计少生 4 亿多人，人口过快增长得到有效控制，妇女儿童发展状况极大改善，人口素质明显提高，人口再生产类型实现历史性转变，有效缓解了人口对资源环境的压力，有力促进了经济持续较快发展和社会进步，改善了妇女儿童发展状况，为全面建成小康社会奠定了坚实基础。我国实行计划生育也为世界人口发展和减贫事业作出了重大贡献，树立了负责任大国的良好形象。

随着计划生育政策的有效实施，虽然人口过快增长的势头得到了有效遏制，但是，我国人口发展中的一系列结构性矛盾越来越凸显，如劳动年龄人口和育龄妇女规模下降，老龄化程度加深，总和生育率下降，出生人口数量持续走低。根据历次全国人口普查数据：1981 年我国育龄妇女总和生育率为 2.61；1990 年下降到 2.31；2000 年下降到 1.22；2010 年下降到 1.18；2020 年尽管有所回升，也只有 1.30。从 2010 年到 2020 年，我国人口年均增长率只有 0.53%，比 2000—2010 年的年平均增长率 0.57% 还要低 0.04 个百分点。

2010 年，党的十七届五中全会首次提出促进人口长期均衡发展的目标，明确提出要控制人口总量，提高人口素质，优化人口结构，促进人口长期均衡发展。2012 年，党的十八大进一步强调促进人口长期均衡发展。

实际上，从 2008 年起，国家人口计生委就启动了调整完善生育政策的准备工作。通过一系列调查、核查、校验等，对我国人口总量和结构、生育现状及人口变动趋势有了比较客观、准确的判断和估计。2010 年 1 月 6 日，国家人口计生委下发的《国家人口发展“十二五”规划思路（征求意见稿）》提出，要“稳妥开展实行‘夫妻一方为独生子女的家庭可以生育第二个孩子’的政策试点工作”。2011 年 11 月，我国全面放开“双独二孩”，即夫妻双方均为独生子女的可生育二孩。2013 年，党的十八届三中全会通过的《中共中央关于全面深化改革若干重大问题的决定》提出："坚持计划生育的基本国策，启动实施一方是独生子女的夫妇可生育两个孩子的政策，逐步调整完善生育政策，促进人口长期均衡发展"，决定启动和实施"单独二孩"政策。从"双独二孩"到"单独二孩"政策的调整，仅仅过了两年时间。

2015 年 10 月，党的十八届五中全会提出："促进人口均衡发展，坚持计划生育的基本国策，完善人口发展战略，全面实施一对夫妇可生育两个孩子的政策，积极开展应对人口老龄化行动。"2015 年 12 月，中共中央、国务院作出了《关于实施全面两孩政策 改革完善计划生育服务管理的决定》（以下简称《决定》），提出"从 2016 年开始实施全面两孩政策"。《决定》强调，"实施全面两孩政策、改革完善计划生育服务管理，是促进人口长期均衡发展的重大举措，有利于优化人口结构，增加劳动力供给，减缓人口老龄化压力；有利于促进经济社会持续健康发展，实现全面建成小康社会的奋斗目标；有利于更好地落实计划生育基本国策，促进家庭幸福与社会和谐"。

从"双独二孩"到"单独二孩"，再到"全面两孩"，结束了紧缩型的人口政策取向。据国家统计局数据，2017 年我国出生人口为 1 723 万人，比 2016 年减少 63 万人。同时，新增人口中一孩数只有 724 万人，比 2016 年还减少 249 万人，近 1 000 万人为二孩。这是近 20 年来首次出现二孩出生数高于一孩出生数的情况。这说明，2017 年我国出生人口数的下降，最主要因素是很多育龄夫妇不愿意生孩子。如果没有“全面两孩”政策的实施，2017 年我国出生人口数会更少。

“全面两孩”政策远不足以维持人口正常世代更替。因为即使全国平均每对夫妇都生育两个孩子，生育率仍然低于人口正常世代更替水平，从长远看人口还是会缓慢减少。更何况还有一部分夫妇不愿意生二孩，甚至连一个孩子也不愿意生。要使总和生育率达到或尽可能接近 2.1 的人口世代更替水平，就必须有一部分夫妇生育三孩。

2021 年 5 月，中共中央政治局会议决定，进一步优化生育政策，实施一对夫妻可以生育三个子女的政策及配套支持措施。这一举措有利于改善我国人口结构，落实积极应对人口老龄化的国家战略，保持我国人力资源禀赋优势。2021 年 6 月，中共中央、国务院印发了《关于优化生育政策促进人口长期均衡发展的决定》，正式提出“依法实施三孩生育政策”，“取消社会抚养费等制约措施”，“以‘一老一小’为重点，建立健全覆盖全生命周期的人口服务体系”，“建立人口长期均衡发展指标体系，健全人口预测预警制度”，以及“到 2025 年，积极生育支持政策体系基本建立”的目标。同年 8 月，第十三届全国人民代表大会常务委员会第三十次会议审议通过了修改《中华人民共和国人口与计划生育法》的决定，为实施一对夫妻可以生育三个子女提供了政策和法律依据。全面实施三孩政策，是党中央、国务院根据我国人口发展变化形势作出的重大决策。

问题十一

如何促进生育政策与相关经济社会政策的配套衔接？

国际经验表明，在一个国家或地区的生育率过高时，可以采取强力措施控制人口过快增长，这比较容易做到；但是，当一个国家或地区的生育率过低时，寄希望于采取措施鼓励生育，提高生育率，预防或遏制人口负增长，就不一定能够达到理想的效果了。从北欧国家，以及我们的近邻韩国和新加坡等国家情况看，都可以证明这一点。

针对我国生育成本越来越高、国民生育意愿下降、生育率持续走低的现实，要实施好三孩生育政策，进而实现促进我国人口长期均衡发展的目标，必须制定和实施与生育政策相配套的一系列经济社会政策。为此，党的十九大报告提出，要“促进生育政策与相关经济社会政策的配套衔接”，这是具有重大现实意义和针对性的政策导向。党的十九届五中全会通过的《建议》提出，要“提高优生优育服务水平，发展普惠托育服务体系，降低生育、养育、教育成本”。中共中央、国务院作出的《关于优化生育政策促进人口长期均衡发展的决定》，提出了一系列具体而明确的政策举措。党的二十大报告再次强调：“优化人口发展战略，建立生育支持政策体系，降低生育、养育、教育成本。”

第一，要提高优生优育服务水平。

优生优育事关人口素质。有效延缓我国人口老龄化进程，为国家经济社会发展和中华民族伟大复兴创造良好的人口条件，不仅要遏制当前生育率持续下降的趋势，使过低的生育率尽可能回归正常水平，而且要着力提高出生人口素质。

出生缺陷是全球关注的重大公共卫生问题，我国更是出生缺陷的高发国家之一，每年有 80 万～ 120 万名缺陷儿出生，占全部出生人数的 4% ～ 6%。减少出生缺陷，关键在于预防。目前我国实行出生缺陷三级预防：一级预防主要是在孕前通过婚前检查、孕前高风险因素评估、孕前保健等实现；二级预防是在产前进行，通过孕期筛查和产前诊断识别严重先天缺陷胎儿；三级预防是对出生后的新生儿进行先天性、遗传性疾病筛查，尽早发现和治疗出生缺陷儿，最大限度地减轻出生缺陷的危害。中共中央、国务院作出的《关于优化生育政策促进人口长期均衡发展的决定》要求："全面落实妊娠风险筛查与评估、高危孕产妇专案管理、危急重症救治、孕产妇死亡个案报告和约谈通报等母婴安全五项制度"，"健全出生缺陷防治网络，落实三级预防措施"。要加强相关知识普及和出生缺陷防控咨询，强化婚前保健，推进孕前优生健康检查，加强产前筛查和诊断，推动围孕期、产前产后一体化管理服务和多学科协作。要扩大新生儿疾病筛查病种范围，促进早筛早诊早治，做好出生缺陷儿基本医疗和康复救助工作。

第二，要大力发展普惠托育服务体系。

党的十九大报告把保障和改善民生的目标从"五有"拓展为"七有"，其中第一个"有"即"幼有所育"。"幼有所育"首先要解决的是学龄前儿童入园难问题。入园难、入园贵，是许多育龄夫妇不愿生、不敢生的重要原因。因为托育服务发展的滞后和供给不足，许多女性因为担心看护婴儿不得不放弃工作，或者无法全身心投入工作，将影响自己的职业发展，从而选择放弃生育。

要大力发展多种形式的普惠服务。一方面，发挥中央预算内投资的引导和撬动作用，推动建设一批方便可及、价格可接受、质量有保障的托育服务机构；另一方面，政府应鼓励企业、机关事业单位、社区利用闲置场地举办托育机构，鼓励社会资本进入托育服务领域，对托育服务提供资金补贴和政策扶持。有条件的用人单位要为职工提供托育服务。国有企业等主体要积极参与各级政府推动的普惠托育服务体系建设。加强社区托育服务设施建设，完善居住社区婴幼儿活动场所和服务设施。国家支持隔代照料、家庭互助等照护模式，支持家政企业扩大育儿服务。发展托育服务，必须坚持走公益性与市场化相结合的发展之路。政府、市场和社会不仅要有分工，更要有合作，充分发挥多元主体的积极性作用。

第三，要完善和严格落实带薪产假、陪产假制度。

我国在法律制度上解决了带薪产假的制度安排，但关键是完善和落实。一些育龄夫妇不愿意生育，与担心休产假将影响职业发展、产假时间短等有关。中共中央、国务院作出的《关于优化生育政策促进人口长期均衡发展的决定》明确要求："严格落实产假、哺乳假等制度。支持有条件的地方开展父母育儿假试点，健全假期用工成本分担机制。"自国家出台三孩生育政策后，各省、自治区和直辖市先后修订了人口与计划生育条例，增设育儿假和护理假，延长产假。比如，北京规定，符合法律、法规规定生育子女的夫妻，女方除享受国家规定的产假外，享受延长生育假 60 天，男方享受陪产假 15 天；其子女满 3 周岁之前，双方每年可以享受育儿假各 5 天。上海规定，符合法律、法规规定生育的夫妻，女方除享受国家规定的产假外，还可以再享受生育假 60 天，男方享受配偶陪产假 10 天；在其子女年满 3 周岁之前，双方每年可以享受育儿假各 5 天。天津规定，符合法律、法规规定生育子女的夫妻，女方在享受国家规定的生育假（产假）的基础上增加生育假（产假）60 天，男方享受 15 天的陪产假；在子女 3 周岁以下期间，用人单位每年给予夫妻双方各 10 天的育儿假。重庆规定，符合法律、法规规定生育的女职工，在国家规定产假的基础上增加产假 80 天；符合法律法规规定生育的女职工产假期间，男方所在单位应当给予男方护理假 20 天；在产假或者护理假期满后，经单位批准，夫妻一方可以休育儿假至子女 1 周岁止，或者夫妻双方可以在子女 6 周岁前每年各累计休 5 ～ 10 天的育儿假。湖北规定，符合法律、法规规定生育的妇女，在享受国家规定的 98 天产假外，增加 60 天，共 158 天产假；其配偶享受 15 天护理假；3 岁以下婴幼儿父母，每人每年享受累计 10 天育儿假。甘肃规定，符合法律、法规规定生育子女的，女方享受产假 180 天，男方享受护理假 30 天；子女不满 3 周岁的，夫妻双方所在单位应当分别给予每年 15 天的育儿假。

完善和落实产假制度，应解决好三个问题：一是在避免过度影响企事业单位生产经营前提下适当延长假期。德国的产假时间，1927 年为 6 周，1992 年延长到 3 年。俄罗斯的产假时间，则从原来的 12 周，延长到现在的 4 年半。瑞典规定，在孩子满 8 岁前，父母有权享有共计 480 天的育儿假。当然，我国产假时间延长到数年，目前是不现实的，但要认真研究究竟应该且能够延长到多长时间。二是机关事业单位和企业应切实保障员工生育期间产假休假权利。这是机关事业单位和企业必须履行的法定责任和义务。全国妇联和全国人大有责任定期或不定期开展执法检查监督。三是政府通过税费减免等扶持政策补偿员工生育增加的企业成本。员工生育无疑会增加企业的用工成本，除了员工休产假、陪产假、育儿假期间的部分工资，还有社保等支出，以及因人员变动导致的工作效率损失。生育是女性对人类繁衍后代所作出的巨大贡献，生育行为的成本不应该主要由用人单位承担，更不应该主要由女性及其家庭承担，而应该主要由全社会合理分担。政府通过税费减免等扶持政策补偿员工生育增加的企业成本，这是最现实的途径。

第四，要借鉴国际经验，建立和实施生育津贴和育儿津贴制度。

这是“降低生育、养育、教育成本”的一个重要方面。

为鼓励生育，许多国家都建立和实施了生育津贴、育儿津贴制度，或综合性的家庭津贴等制度。尽管各个国家的津贴名目不同，但目的都是减轻家庭在生育、养育、教育等方面的负担。其他国家在生育津贴、儿童津贴、家庭津贴方面的做法值得借鉴和学习，但不可能照搬。中共中央、国务院作出的《关于优化生育政策促进人口长期均衡发展的决定》明确提出，要“继续做好生育保险对参保女职工生育医疗费用、生育津贴待遇等的保障，做好城乡居民医保参保人生育医疗费用保障，减轻生育医疗费用负担”。例如，四川省攀枝花市和甘肃省临泽县在修订本地人口和计划生育政策文件中，就已经提出给生育家庭发放补贴金的规定。

我国建立和实施生育津贴、养育津贴或家庭津贴制度，应理顺和解决好三个问题：一是不能以生育保险取代生育津贴，也不能以建立了生育保险制度为由反对建立生育津贴制度。我国为有就业单位的女性劳动者建立了生育保险制度，没有就业、没有单位的女性则参加不了生育保险。生育保险属于社会保险范畴，其资金主要来自用人单位缴费形成的生育保险基金；生育津贴则属于社会公共福利范畴，资金主要来自国家财政。因此，两者不能互相取代，而应相互补充。二是生育津贴和养育津贴是两个独立的津贴项目，前者是对生育的父母在生育假期因为失去收入或收入减少而提供的一种社会补偿，后者是对家庭养育婴幼儿的成本提供的一种社会补偿，两者都是普惠性的社会福利。三是更好发挥这两项津贴制度的激励作用。鉴于我国尚处于社会主义初级阶段的基本国情，制定和实施这两项津贴制度的目的是鼓励生育，因而生育津贴、育儿津贴应该向二孩，尤其是三孩倾斜。

除建立和实施生育津贴和育儿津贴制度外，还可以根据养育未成年子女负担情况实施差异化租赁和购买房屋的优惠政策，以降低生育家庭的住房负担；持续提升普惠性幼儿园覆盖率，适当延长在园时长或提供托管服务，推动放学时间与父母下班时间衔接，平衡家庭和学校教育负担，严格规范校外培训，降低生育家庭的教育成本。

第五，个人所得税要对多子女家庭实行税收减免或扣除。

许多生育率低、人口老龄化严重的国家，在个人所得税设计上都对多子女家庭实行税收减免，一方面减轻了多子女家庭的经济负担，另一方面是对多子女家庭在人口发展和种族繁衍方面作出的贡献的一种社会补偿，因而促进了社会公平。税收减免的具体方案主要有两种：一是根据家庭孩子的数量进行一定的税收抵免；二是对多子女家庭实施分等级税收制。《中华人民共和国个人所得税法修正案（草案）》在专项附加扣除中把子女教育等支出纳入其中，显然是一大推进。2022 年 1 月 1 日起，3 岁以下婴幼儿照护费用也纳入个人所得税专项附加扣除。

问题十二

为什么要积极开发老龄人力资源，如何开发？

党的十九届五中全会通过的《建议》强调，要“积极开发老龄人力资源，发展银发经济”。中共中央、国务院发布的《关于加强新时代老龄工作的意见》强调要“鼓励老年人继续发挥作用”，并就如何“把老有所为同老有所养结合起来，完善就业、志愿服务、社区治理等政策措施，充分发挥低龄老年人作用”，提出了具体的政策举措。

面对 20 世纪 70 年代以后世界范围内日益严重的人口老龄化问题，1987 年 5 月召开的世界卫生大会首次提出了健康老龄化理论，这一理论是基于老年人的健康需求而建构起来的。尽管人们对这一理论的内涵存在分歧，但其核心要义是清晰的，即它的目标是整体提高老年群体的生命长度和生活质量，不仅要提高预期寿命，更要提高健康寿命。显然，该理论暗含着把老年人视为社会负担的消极观点，虽然关注到了老年人的健康需求，但目的恰恰是通过提高老年人的健康质量减轻社会和家庭的负担。

20 世纪 90 年代末至 21 世纪初，一种基于老年人社会权利的新的老龄化理论应运而生，这就是积极老龄化理论。该理论不仅强调要关注老年人的健康需求，而且强调要关注老年人的社会参与权利和需求。老年人在需要帮助时，能够获得充分的安全保护和照料，而且能够按照自己的需要、愿望和能力参与社会经济文化和公共事务，从工作中退休下来的老年人和那些患病或有残疾的人，仍然能够作为社区和国家的积极贡献者。这一理论的积极意义在于，它改变了以往人们把老年人视为社会负担的观点，强调老年人是被忽视的宝贵的社会资源，他们健康地参与社会经济文化与公共事务，将依然是社会财富的创造者和社会发展的积极贡献者。

积极老龄化是比健康老龄化更全面、更概括的老龄化概念和理论。我们既要促进健康老龄化，更要引导和推动积极老龄化。老年人不仅需要健康长寿，而且需要积极参与社会经济文化和公共事务。进入新时代，我国社会主要矛盾已经转化为人民日益增长的美好生活需要和不平衡不充分的发展之间的矛盾。同全国人民一样，广大老年人的美好生活需要也日益广泛，不仅对物质文化生活提出了更高要求，而且在民主、法治、公平、正义、安全、环境等方面的要求日益增长；不仅要求分享经济社会发展的成果，而且要求有更多的机会、在更广泛的领域、更加积极主动地参与社会经济文化和公共事务。

老年人不仅要老有所养、老有所依，也要老有所学、老有所乐、老有所为。要在全社会倡导积极老龄观，引导老年人根据自身情况，积极参与家庭、社区和社会发展。一是要健全相关法律法规和政策，全面清理阻碍老年人继续发挥作用的不合理规定，保障老年人劳动就业权益和创业权益。二是要探索在学校、医院等单位和社区家政服务、公共场所服务管理等行业适合老年人灵活就业的模式，支持老年人依法依规从事经营和生产活动，兴办社会公益事业。按照单位按需聘请、个人自愿劳动原则，鼓励专业技术人才合理延长工作年限。三是要鼓励各地建立老年人才信息库，为有劳动意愿的老年人提供职业介绍、职业技能培训和创新创业指导服务。四是要建设高层次老年人才智库，在调查研究、咨询建言等方面发挥作用。五是要深入开展“银龄行动”，引导老年人以志愿服务形式积极参与基层民主监督、移风易俗、民事调解、文教卫生等活动，支持老年人参与文明实践、公益慈善、志愿服务、科教文卫等事业，发挥老年人在家庭教育、家风传承等方面的积极作用。六是要加强离退休干部职工基层党组织建设，鼓励老党员将组织关系及时转入经常居住地，引导老党员结合自身实际发挥作用，做好老年人精神关爱和思想引导工作。

问题十三

为什么要延迟退休年龄，如何顺利推进这一改革？

随着人口预期寿命的延长，当然也是为了应对人口老龄化和日益加大的养老金支付压力，许多国家纷纷延迟退休年龄。美国将退休年龄从 2000 年的 65 岁延长到目前的 66 岁，并将于 2027 年进一步延长到 67 岁；德国自 2001 年起至 2012 年，将男女退休年龄分别从 63 岁和 60 岁统一延迟到 65 岁，并从 2012 年起至 2029 年逐步延长到 67 岁；英国拟由现在的男性 65 岁、女性 60 岁退休统一调整为 65 岁退休，并进一步延迟到男女均为 68 岁退休。

新中国成立初期，我国人口的平均预期寿命只有 35 ～ 40 岁。2022 年我国人口平均预期寿命已经达到 77.93 岁。从主要发达国家看，人口预期寿命和退休年龄之差，大约为 15 岁。以此为参照，我国目前的退休年龄完全可以延迟到63岁左右，随着预期寿命的延长，退休年龄还可以相应延长。但是，按照我国现行相关制度安排，男职工年满60周岁、女干部年满55周岁、女工人年满50周岁即可办理退休手续，而这项退休政策制定时，全国人口平均预期寿命只有50岁左右，而目前我国人口的平均预期寿命已经接近78岁。随着我国经济社会的不断发展以及人均寿命的不断延长，相应地延迟退休年龄是一种必然趋势。国家“十四五”规划明确提出：“综合考虑人均预期寿命提高、人口老龄化趋势加快、受教育年限增加、劳动力结构变化等因素，按照小步调整、弹性实施、分类推进、统筹兼顾等原则，逐步延迟法定退休年龄，促进人力资源充分利用。”

我国已经制定延迟退休年龄方案，也向全社会发出了将正式启动延迟退休年龄改革的信号。将采取小步慢走、弹性实施、分类推进、渐进到位的办法，每年推迟几个月的时间，经过一个相当长的时间再达到新的法定退休年龄的目标。但是，具体方案和相关配套政策迟迟没有正式公布，民间的猜测各异，媒体的报道也相互矛盾，加剧了一部分人的担忧。

制定和实施这一渐进式延迟退休年龄的政策，主要是基于以下考虑：第一，目前我国部分人群退休年龄太低，不同人群退休年龄差异过大；第二，人力资本快速积累，过早退休会造成人力资源的巨大浪费；第三，我国已经进入新增劳动力总量下降的通道，劳动力的供给将由当前的总供给大于总需求逐步转变为供需大体均衡，然后快速转向供不应求；第四，人口平均预期寿命每几年延长一岁，为延迟退休年龄提供了可能性。对于延迟退休年龄这一问题，目前媒体和学界没有向公众解释清楚制定有关政策的理论依据和现实背景，这是造成公众对延迟退休年龄政策不理解甚至不满意的一个重要原因。

推进延迟退休年龄改革，一些人担心可能会有风险。所谓延迟退休年龄改革的风险，主要是有一部分人不赞成延迟退休年龄，存在影响社会稳定大局的可能性。但不赞成延迟退休年龄的人只是少数，对此必须有准确的把握，否则会顾此失彼，延误这一改革的推进。

延迟退休年龄，在短期内不可避免地会加大新增劳动力的就业压力，挤压一部分中青年的岗位晋升空间。一部分临近原政策规定的退休年龄又希望到点退休的人将不得不延迟退休。因此，确实有一部分人是不赞成甚至反对延迟退休年龄改革的。

但是，不赞成甚至反对延迟退休年龄改革的人，不能笼统地归为所谓年轻人和快到点退休的人。实际上，在我国城镇4亿多就业人员中，不赞成甚至反对延迟退休年龄改革的只占极少数。具体来讲，加大新增劳动力的就业压力，挤压一部分中青年的岗位晋升空间，不会造成这两部分人对延迟退休年龄改革的普遍反对。因为只需要过一个缓冲期和适应期，这种压力和挤压就会逐步消除。一方面，新增劳动力总量在下降，劳动力供求关系正在发生变化，新增劳动力的就业压力在未来几年就会大大减轻，况且这批人从就业到退休还有几十年的时间；另一方面，启动延迟退休年龄改革，最终达到新的法定退休年龄，这是一个相当长的过程，对中青年岗位晋升空间的挤压只是短暂的。公务员和参公人员、事业单位职工、企业中高层管理人员、技术工人，以及绝大多数国有企业职工，都是赞成和支持的。不赞成不支持的主要是那些就业收入不高、退休后退休金与在岗收入差距不大、临近原定退休年龄又希望到点退休的一部分职工。

退休年龄的调整是一项复杂的社会经济政策，涉及人口结构、人力资源供求、代际关系、社会保障基金平衡等多方面因素，需要综合施策做好万全的应对工作。

在一个国家或地区，在既定的总体人口预期寿命条件下，不同人群的预期寿命是有差异的。因此，延迟退休年龄政策，既要确保政策的统一性和稳定性，又要使政策的实施具有灵活性。例如，德国把泥瓦工等重体力劳动者的退休年龄在法定退休年龄标准的基础减去 3 年，可以领取足额的养老金。延迟退休年龄政策正式实施后，要充分考虑到重体力劳动者人均预期寿命低于总人口平均预期寿命这一客观事实，允许其低于法定退休年龄提前退休，但提前的幅度不宜过大。其他劳动者低于法定退休年龄提前退休，则要下调相应比例的养老金。对超过法定退休年龄退休的人员，可以按比例上调养老金标准，以引导更多劳动者选择延迟退休。

要稳步规范现行退休后再就业的相关政策。一方面，要清理和取消限制退休人员再就业的有关政策，允许退休后再就业，充分发挥退休人员仍然是社会财富创造者和社会发展进步积极参与者的作用。另一方面，要尽快修订现行社会保险法中关于养老保险缴费满 15 年就可以领取养老金的规定，养老保险缴费至少应该达到 20 ～ 30 年。一些 50 多岁的劳动者之所以希望“到点退休”，就是希望早点退休另外再找一份工作，既拿养老金又拿工资。法定缴费年限延长后，只有相应延迟退休年龄，才能达到领取养老金的基本条件。另外，对低于新政策规定的退休年龄而选择提前退休者再就业，还可以作出适当的限制性规定，比如要承担养老保险和医疗保险个人缴费至最低退休年龄为止。

问题十四

如何适应我国新发展阶段新情况新特点，健全“四梁八柱”的养老服务体系？

党的十八大以来，特别是“十三五”时期，国家密集出台了加快发展养老服务业、全面放开养老服务市场等一系列政策措施，民间力量参与养老服务发展的积极性得到发挥，养老服务机构尤其是公办养老机构改革发展不断取得新进展，养老服务体系建设取得显著成效，广大老年人“老有所养”问题得到了很大程度的缓解，老年人的获得感、幸福感、安全感持续提高。但是，我国养老服务的发展与新发展阶段的新情况不相适应的问题仍然凸显，老问题还未完全解决新问题又凸显出来，而许多新问题实际上只是老问题以新的形式表现出来而已。

进入建设社会主义现代化国家新阶段，我国养老服务发展面临的情况发生了新的重大变化。这突出体现在两个方面。

一是社会主要矛盾已经发生变化。中国特色社会主义进入新时代，我国社会主要矛盾已经转变为人民日益增长的美好生活需要和不平衡不充分的发展之间的矛盾。从党的八大提出我国社会主要矛盾是人民对于经济文化迅速发展的需要同当前经济文化不能满足人民需要的状况之间的矛盾，到党的十一届六中全会提出我国社会主要矛盾是人民日益增长的物质文化需要同落后的社会生产之间的矛盾，再到党的十九大提出我国社会主要矛盾已经发生重大变化，充分彰显了我们党不断顺应时代变化，善于抓住主要矛盾、解决突出问题的实践和理论品格。经过长期不懈努力，我国稳定解决了十几亿人的温饱问题，在2000年总体上实现了小康，2020年又如期全面建成了小康社会。随着时代的发展，人民美好生活需要日益广泛，不仅对物质文化生活提出了更高要求，而且在民主、法治、公平、正义、安全、环境等方面的要求也日益增长。同时，我国社会生产力水平总体上显著提高，社会生产能力在很多方面进入世界前列，但发展不平衡不充分的问题更加突出，已经成为满足人民日益增长的美好生活需要的主要制约因素。

从现在起到未来相当长一个时期，养老服务发展不平衡不充分与广大老年人对更加美好的老年生活的需要之间的矛盾，将是我国社会主要矛盾在养老服务领域的具体体现。老年人的需求是多方面、多样化、多层次的。同其他人群一样，老年人不仅对物质文化生活提出了更高要求，而且对民主、法治、公平、正义、安全、环境等方面的要求也日益增长。作为特殊群体，他们不仅有生活照料的需要，而且有越来越强烈的精神慰藉需求、医疗护理和健康保健的需求，特别是参与社会公共事务、继续为社会作出贡献的需求也越来越强烈。尽最大努力化解养老服务发展不平衡不充分与广大老年人对更加美好的老年生活的需要之间的矛盾，是满足广大老年人对更加美好幸福生活的追求的必然要求，也是把我们党以人民为中心的发展思想落到实处的必然要求，是践行我们党为中国人民谋幸福的初心的必然要求。

二是我国人口结构已经发生深刻变化。我国目前正在经历着世界上规模最大、同时也是速度最快的人口老龄化过程。我国自 2000 年开始，就已经跨入了老龄化国家的行列，用较短的时间实现了人口再生产类型的转变，从年轻型人口国家转变为成年型人口国家，并继而转变为老年型人口国家。2020 年第七次全国人口普查数据表明，我国人口结构进一步发生深刻变化，老龄化与少子高龄化进程不断加快，人口流动变化与人户分离现象常态化，家庭结构越来越小型化。

在我国养老服务发展面临的上述两大新情况背景下，我国养老服务体系建设尽管成就很大，但目前存在的问题也不少。最主要的是以下几点。

第一，发展不平衡的问题仍然存在。这既表现在区域发展的不平衡，也表现在城乡发展的不平衡，更表现在居家养老、社区养老和机构养老发展的不平衡，表现在医养、康养发展的不平衡，表现在养老机构一般性养老床位与护理型床位比例的失衡等方面。受经济社会发展水平、公共资源配置、地方政府重视程度等因素的制约，中西部地区社会养老服务发展的整体水平明显滞后于东部地区，而且同一区域内不同省市社会养老服务发展水平也存在比较大的差距。与城市相比，我国农村地区社会养老服务设施和养老服务供给严重不足，而且功能不完善、服务项目少、质量效益低、可及性差的问题仍然没有根本改变。

第二，养老服务的总体质量和水平仍然不高。养老服务体系发展的不平衡不充分与老年人对更加美好的老年生活需要之间的矛盾，是我国社会主要矛盾在养老服务领域的反映。养老服务质量和水平不高，同老年人日益增长的多层次、多样化、个性化的养老服务需求仍然存在比较大的差距。在国家强调养老服务机构和设施建设，特别是有关强制性规划和政策要求下，各地养老床位、社区日间照料中心、居家养老服务等设施建设逐步达标，但是服务质量低、服务方式单一等问题仍然比较突出。

第三，养老服务的供给与老年人的养老服务需求仍然存在脱节的问题。养老服务是特殊的服务，不能简单地以供给引导需求，不能是社会能提供哪些养老服务，老年人就被动接受哪些服务。目前一个比较普遍存在的问题，是老年人有养老服务需求的没有相应的供给，社会能够提供的养老服务供给却不一定有需求，需求与供给不匹配、相脱节。发展养老服务，不仅要考虑到满足老年人“大众化”的养老服务需求，也要充分考虑到老年人“小众化”的需求，充分做到有需求有供给，供需相匹配，以满足老年人对更加美好生活的需要和向往。

除上述问题外，我国养老服务体系建设还面临着人才队伍建设、行业规范建设等方面亟待解决的突出问题。在这些问题中，发展不平衡、总体质量和水平不高、养老服务的供给与老年人的养老服务需求脱节等问题，既是进入新发展阶段后我国养老服务发展面临的突出问题，实际上也是我国养老服务发展长期以来想解决而没有解决好的问题，但这些问题在新的发展阶段又有新表现形式，呈现出许多新特点。

党的十九届五中全会通过的《建议》提出“实施积极应对人口老龄化国家战略”。这是首次在党的全会文件中把积极应对人口老龄化上升为国家战略，并作出了制定人口长期发展战略，优化生育政策，增强生育政策包容性，积极开发老龄人力资源，构建居家社区机构相协调、医养康养相结合的养老服务体系等重大战略部署。党的二十大进一步提出，要“实施积极应对人口老龄化国家战略，发展养老事业和养老产业，优化孤寡老人服务，推动实现全体老年人享有基本养老服务”，这为我们“十四五”时期乃至今后更长时期应对人口老龄化提供了基本遵循。

截至 2021 年底，全国共有各类养老机构和设施 35.8 万个，养老床位合计 815.9 万张。其中：注册登记的养老机构 4.0 万个，床位 503.6 万张；社区养老服务机构和设施 31.8 万个，共有床位 312.3 万张。全国共有 3 994.7 万老年人享受老年人补贴，其中享受高龄补贴的老年人 3 246.6 万人，享受护理补贴的老年人 90.3 万人，享受养老服务补贴的老年人 573.6 万人，享受综合补贴的老年人 84.2 万人。[①]

机构养老并非我国养老服务发展的方向。目前，我国

① 《2021 年度国家老龄事业发展公报》，中国政府网，2022 年 10 月 26 日。

养老机构入住的老年人只有400多万人，仅占老年人口的极小比例。部分高龄老人、失能失智老人、空巢老人，入住养老机构是“刚需”，但这只是老年人口中的少数。一些低龄、健康的老年人愿意入住养老机构，尤其是高端养老机构，这种需求也应当满足，但这同样只是老年人口中的少数。

社区养老肩负着居家养老服务支持和日间照料、短期托养的功能，但它并非一种独立的养老方式。社区开展的日间照料和短期托养，本身就是一种机构养老服务。居家养老支持则是居家养老服务的应有之义，也是社区养老服务发展的重点。居家养老与过去传统的家庭养老的最大区别，就在于它是一种社会化养老服务。居家养老之所以成为可能，就在于国家和社会建立起一整套的社会化居家养老服务支持体系，其中社区居家养老服务是最重要的一环。社区为“依托”的定位，最主要的依据就在于居家养老和机构养老都要依托社区。

过去相当长一段时期，我们把机构养老置于“支撑”地位，把大量的人力、物力、财力投入到建设养老机构和增加养老床位方面。现在，还应促进居家社区机构养老协调发展，要把重点放在打牢居家养老的基础地位上。

问题十五

如何更好地发挥低龄健康老人在养老服务中的作用？

面对数以亿计老年人日益强劲的养老服务需求和养老护理人员短缺的矛盾，许多人都在感叹“谁来养老”。收入低、年龄大、文化程度低、培训少、劳动强度大、留人难，这是我国养老护理人员队伍的真实现状。随着我国人口结构和劳动力供给结构的变化，大规模地扩充养老服务专业人员队伍是不现实的。实际上，国际经验和国内一些地方的实践都表明，低龄、健康老人可以是养老服务人员队伍的重要补充。关键是如何通过相应的政策支持和制度设计，充分调动和发挥他们的积极性主动性。

第一，大力发展老年人为老志愿服务。

老年人是社会的宝贵资源，他们仍然是社会财富的创造者和社会发展进步的积极贡献者。许多老年人退而不休，仍然大量地参与了社会矛盾调处化解、社会治安维持、扶贫济困、幼儿教育、环境卫生，以及文化传承等社会公共事务以及志愿服务，在无酬的志愿工作岗位上作出积极贡献。

要鼓励、支持低龄且健康的老年人参与为老志愿服务，这不仅顺应了老年人积极参与经济社会发展和公共事务的强烈诉求，而且可以充分发挥他们为老志愿服务的独特优势。因为同为老年人，他们更了解老年人的心理、生理特点和需求及生活习惯，对高龄、失能失智、空巢、计划生育特殊家庭老人的境遇更能感同身受，更容易设身处地地为那些需要照顾的老年人提供力所能及的帮助。

发展老年人为老志愿服务，要坚持四个原则：一是自愿。为老志愿服务的精髓是奉献精神。鼓励、支持老年人从事为老志愿服务，来不得半点强迫，否则只能引起老年人的反感。二是力所能及。低龄且健康的老年人参与为老志愿服务，应该限制在他们的身体、精力和时间等允许的范围内，主要是为失能失智、高龄、空巢和计划生育特殊家庭老人提供巡访、陪同聊天、做饭送餐、清扫洗刷、购物就医等轻便的为老服务。三是机制化或组织化。发展老年人为老志愿服务，必须依托城乡社区组织、老年人协会，以及志愿服务组织等，适当地把低龄且健康、愿意从事为老服务的老年志愿者组织起来。四是必要的保障。志愿服务是无酬服务，可以不支付报酬。但是，老年人从事志愿服务是有风险的，要做好风险预防。政府、公益机构、基金会、商业保险公司等应多方合作，为从事为老服务的老年志愿者提供相关人身和意外保险。

第二，在城乡社区、养老机构推行“时间银行”。

简单地说，“时间银行”类似于银行储蓄，将个人服务的时数存入运作系统，在有需要的时候再将时数取出来，兑换相应的服务或物品。早在20世纪60年代，日本旭子水岛就探讨了通过“时间银行”来实现互助养老的可行性，并于1973年建立了日本第一家互助式的志愿者劳动银行。1980年，美国学者埃德加·卡恩提出了“劳动兑换服务”模式，以帮助穷人通过为其他人付出劳动来换取自己所需要的服务。此后，“时间银行”在发达国家如美国、德国、英国和日本已经得到广泛的运用，目前我国一些城市社区、养老机构也开展了“时间银行”的尝试。尤其是在养老服务领域，将低龄老人和高龄老人、健康老人和失能失智老人连接到一起，前者服务后者。一方面，低龄、健康老人在服务高龄、失能失智老人的过程中可以实现自身的社会价值，在自己成为高龄、失能失智老人时也可以将时间取出来，从而享受到其他低龄、健康老人的照顾服务；另一方面，高龄、失能失智老人的护理服务需求可以得到一部分满足，以缓解养老护理人员短缺的困境。

在我国，养老护理人员短缺的问题实际上是无法化解的。充分调动和发挥低龄、健康老人服务高龄、失能失智老人，既是弥补养老护理人员短缺的现实需要，又是推动积极老龄化，实现老年人社会参与的一个重要途径。此外，可以借鉴国外成熟的经验，同时国内也有不少地方和机构进行了探索，特别是互联网、大数据、物联网、区块链的发展也提供了良好的技术支撑。所以，广泛推行“时间银行”这一做法既有必要，又具有现实可行性。

顺应城镇化以及由此带来的老年人口全国性大流动，建立全国性的低龄、健康老人服务高龄、失能失智老人的“时间银行”，无疑是最佳选择，但这需要公众认知程度的普遍提高、强大的网络运营平台和资金保障、专业的运营管理团队、精确的服务规范和服务价值的量化标准，以及国家层次的政策支持和法律保障，因而最佳选择不一定是最现实的选择。建立“时间银行”最现实的选择，是在国家政策的支持下，率先在城乡社区和各类养老机构建立和推行“时间银行”，并在有条件的地方率先开展县、市（区）域的“时间银行”试点，在积累经验后逐步推广。

第三，创新互助式养老模式。

互助式养老同老年人为老志愿服务和“时间银行”不同，它的服务对象是特定的，且一般限于相互比较熟悉的老年人之间，因而更具有可推广性，老年人更容易接受。

从目前我国各地开展的互助式养老发展情况来看，有几种主要做法是值得推广的。

一是以农村互助幸福院为代表的据点式社区互助养老。农村互助幸福院起源于2008年河北省邯郸市肥乡县前屯村。2013—2015年，民政部会同财政部实施了农村互助幸福院建设专项，投入30亿元支持农村地区建设互助幸福院。经过多年的努力，幸福院在农村许多地方已经建立起来。在幸福院里，广泛开展低龄老人服务高龄老人，健康老人服务失能失智老人，既使高龄、失能失智老人得到应有的照顾服务，又使低龄、健康老人的自身价值得到充分的体现。

二是“抱团”式养老。“抱团养老”是西方一些国家比较流行的一种养老方式，通过“抱团养老”，多位老人共同居住，互帮互助度过晚年生活，比如德国流行的“搭伴养老”模式。在我国“抱团养老”是一个新生事物，与其相类似的，有上海“老伙伴”计划、江苏太仓互助养老小组、北京独居老人巡视探访项目、青海“一助一、一助多”代养式结对帮扶互助养老等互帮互助养老方式。

三是旅居式互助养老。与此相类似的还有“候鸟式养老”和“度假式养老”。老年人在不同的季节，结伴到一个地方住上十天半个月，甚至更长的时间，然后再转移到另一个地方，既欣赏了祖国的美好河山，开阔了视野，又达到健康养生的目的。旅居式养老是非常有利于老年人身心健康的一种积极养老方式。一些身边无子女或子女没有时间陪伴的老人有意愿外出旅游，尤其是一些高龄老人希望在有生之年到祖国的大好河山多看看。低龄与高龄老人结伴旅居式养老，是满足这部分老人外出旅游愿望的一个现实选择。促进旅居式养老的健康发展，需要政府和相关方面在价格、专业化服务以及意外风险的防患等方面加强引导和规范。

四是鼓励和支持低龄、健康老人社区居家养老，把宝贵的养老床位资源留给“刚需”老人。目前，我国养老机构的床位达到800多万张，确实有大量的床位处于空置状态。现在养老机构出现的大量床位空置现象，并不是因为养老床位过多，而主要是因为养老床位的结构性失衡（护理型床位比例偏低）和价格过高、位置偏僻、服务质量不高。很多迫切需要入住养老机构的高龄老人、失能失智老人、空巢老人往往“一床难求”。养老床位是一种准公共产品，应该优先提供给最需要的老年人。不少低龄、健康的老人占据了相当大比重的养老床位。要鼓励和支持低龄、健康老人更多地选择居家和社区养老，这实际上相当于他们让渡了宝贵的养老床位资源，间接地帮助了高龄、失能失智、空巢老人这些渴望入住养老机构的刚性需求群体。政府决策部门、相关管理机构和养老机构，以及社会各界应该充分地认识到这一点。

问题十六

为什么说“支持家庭承担养老功能”不是要回到家庭养老，而是要提升居家养老能力？

养老是自人类诞生以来就在不断求解的一个问题。在我国历史上，老年人的养老主要依靠家庭成员，尤其是子女的赡养，也就是我们通常所讲的家庭养老。在现代社会，因为各种原因，家庭养老越来越难以满足老年人的养老需要，但家庭养老仍然是社会养老的一个重要补充。

党的十九届五中全会通过的《建议》提出，要“支持家庭承担养老功能”。这是否意味着政府倡导由家庭承担养老功能，回归家庭养老，政府和社会只是提供“支持”？许多人有这方面的疑问。这实际上是对中央精神的误解、误读。

同传统的家庭养老主要依靠家庭成员提供赡养不同，

居家养老服务是一种社会化养老服务，居家养老服务机构、企业、社区等已经把养老服务延伸到老年人家庭，可以为居家的老人提供全方位、多样化、个性化的上门服务，家庭只是承担了部分养老功能。“支持家庭承担养老功能”，讲的正是要大力发展社会化居家养老服务体系，最主要的是上门服务，为老年人居家养老提供“支持”。

实际上，我国发展养老服务的重点，已经从之前重机构、轻居家转向打牢居家养老的基础地位上来，从以前把大量人力、物力、财力用于建设养老机构、增加养老床位转向健全和完善居家养老服务支持体系上来。

支持家庭承担养老功能，必须“加强家庭、家教、家风建设”，加快发展健康、养老、家政、物业等服务业，“健全老年人、残疾人关爱服务体系和设施”。从当前来讲，要着力做好以下几个方面的工作。

一是扎实推进老年人家庭住房适老化改造。我国目前仍有大量老旧居民住房不符合适老化要求。适老化改造的重点是电梯、坡道、入户门和室内防滑设施，尤其是后者。根据测算，我国每年有 4 000 多万老年人至少发生 1 次跌倒，其中约一半发生在家中。按照相关政策规定，2020 年底前，采取政府补贴等方式，对所有纳入特困供养、建档立卡范围的高龄、失能、残疾老年人家庭，按照

《无障碍设计规范》实施适老化改造。要把适老化改造，特别是增添防滑设施的政府补贴范围扩大到所有失能失智、高龄、空巢老年人家庭。道理很简单，一个老人因为摔倒致伤致残，从小的方面看增加了这个家庭的负担，从大的方面讲增加的是整个社会的成本，影响整个国家中坚劳动力作用的发挥。

二是采取切实措施，把鼓励和支持家庭成员与老年人共同或就近居住落到实处。在鼓励和支持家庭成员与老年人共同或就近居住方面，新加坡等国家的经验是值得借鉴的。新加坡政府规定，如果选择与父母或已婚子女一起购买转售组屋，或购买对方住家附近的转售单位，可享有最高 4 万新加坡元公积金购屋津贴。不论是首次购屋者还是已享有购屋津贴的家庭，都可以享受这一津贴。在我国，如果父母与子女的住房相距较远，任何一方出售原有住房后到对方住房附近新购住房，不但没有政策优惠，还要缴纳一笔不菲的税费。要研究针对父母和子女为就近居住置换和购买住房的免除或部分免除相关税费的支持政策和配套措施。

三是扶持、培育居家养老上门服务机构和企业。居家养老服务把社会化的养老服务延伸到家庭，为居家养老的老人提供服务的不仅包括家庭成员，还包括政府、社区、养老服务机构和企业，以及志愿者和义工等。其中，养老服务机构和企业是居家养老上门服务的最重要提供者。一方面，尽管老年人的上门服务需求很旺盛，且多种多样，但支付能力有限，正常合理的市场定价可能都难以接受；另一方面，从事助餐、助浴、助洁、助急、助医等上门服务的机构和企业，营利能力很低，甚至于亏损运营，没有积极性。日本的“到宅沐浴”，即为老年人提供上门沐浴服务，是可以借鉴的。“到宅沐浴”的成本是很高的，护理保险承担大部分，政府（包括地方政府）承担一部分，老人自费一部分。上门服务要可持续，必须走出一条老人付得起、机构和企业能营利的路子。

四是健全特殊老年人群关爱服务体系，更加注重人文关怀，使居家养老服务更有温度，更有人情味。新冠疫情暴发期间，为阻断病毒的传播，养老机构采取隔离举措，实行封闭管理，子女不能前往探望，老人与外界处于隔离状态，孤独感超乎寻常地加剧。居家的老年人，尤其是空巢、独居老年人的孤独、无助感更甚。老年人在这次疫情中死亡率高，究其原因，除他们属于典型的易感人群且多数身患多种基础性疾病因而抵抗力更低外，更为重要的一点是关爱服务体系的不健全、不可及，特别是人文关怀的缺失，导致精神孤独、恐惧感剧增。要把关爱服务体系覆盖的人群范围，从农村留守老人扩大到城乡空巢、失能失智、高龄老人，更加注重他们的心理疏导和危机预防，更好地满足他们的精神文化需求。

问题十七

如何推动实现全体老年人享有基本养老服务？

发展养老事业和养老产业，强调的是养老服务的供给结构。优化孤寡老人服务，推动实现全体老年人享有基本养老服务，强调养老服务的发展要满足不同的需求，既要满足孤寡老人的兜底性养老服务需求，又要顺应广大老年人对更加美好生活的强烈向往，满足全体老年人享有基本养老服务的需求。

兜底性养老服务，是指为经济困难的老年人、特困老年人（以前所讲的城填“三无”老人、农村“五保”老人）、特殊困难老年人（如空巢、留守、失能、残疾、高龄老年人以及计划生育特殊家庭老年人等）提供的养老服务，这是养老服务体系中的最后一道安全网。兜住底线，守住底线，就是依靠兜底性养老服务这道安全网。

基本养老服务，是以满足广大老年人基本生存和发展需要的养老服务，旨在“保基本”，保障老年人最基本的生活需要，以及老年人基本的生存和发展权利。党的十七大报告和十八大报告提出“五有”，党的十九大报告和二十大报告进一步拓展为“七有”。“五有”和“七有”，讲的就是基本民生建设的目标，其中之一就是“老有所养”。从近期讲，城乡老年助餐服务、助浴服务、助洁服务、巡访关爱服务、生活性为老服务等，就是以“保基本”为目标的基本养老服务，是保障老年人基本生活需要不可或缺的基础性养老服务。从中长期讲，关键是建立国家基本养老服务清单制度，为不同类别的老年人提供相应的基本养老服务。

在很长时间里，受经济发展水平和国家财力的限制，我国养老服务体系的建设主要聚焦于兜底性养老服务，以满足特困老年人等兜底对象最基本的养老服务需要。党的十八大以来，在经济发展的基础上，国家投入了大量人力、物力、财力发展兜底性养老服务，建立了包括为经济困难的老年人提供养老服务补贴、为经济困难的失能老年人提供护理补贴、必要的访视、照料服务等制度安排，坚持公办养老机构公益属性承担兜底职能，兜底性养老服务发展取得了明显成就。在继续织牢兜底性养老服务网的同时，要重点发展基本养老服务，以满足全体老年人享有基本养老服务的需求。

首先，要建立基本养老服务清单制度。通过建立老年人能力综合评估制度，统一开展老年人能力综合评估，对健康、失能、经济困难等不同老年人群体分类提供养老保障、生活照料、康复照护、社会救助等基本养老服务。这就必须研究制定可满足老年人能力综合评估需要的国家标准，提供统一、规范和可操作的评估工具，在此基础上建立基本养老服务清单制度，为健康、失能、经济困难等不同老年人群体提供相应的养老保障、生活照料、康复照护、社会救助等适宜服务，并根据经济社会发展和科技进步对服务对象、服务内容、服务标准和支出责任进行动态调整。

其次，要大力发展城乡老年助餐、助浴、助洁等基础性上门养老服务。我国空巢老人已经突破 1 亿人，失能半失能老人超过 4 000 万人，高龄老人约 3 000 万人。吃饭、洗澡、保洁等成为困扰这些老人日常生活的难题。老年人对助浴、助洁等基本养老服务的需求很旺盛。但是，一方面，老年人的支付能力有限；另一方面，从事助浴、助洁等上门服务的机构或企业的营利能力很低，因此积极性不高。要适时研究制定老年人助浴、助洁服务相关标准规范，支持助浴服务相关产品研发，支持社区助浴点、流动助浴车、入户助浴等多种业态发展。要支持家政企业开发被褥清洗、收纳整理、消毒除尘等适应老年人需求的保洁服务产品，引导物业企业将保洁服务范围由公共区域向老年人家庭延伸。

最后，要加快发展生活性为老服务业。《“十四五”公共服务规划》明确要求，要持续推进基本公共服务均等化，着力扩大普惠性非基本公共服务供给，丰富多层次多样化生活服务供给。这就在以前把公共服务区分为基本公共服务和非基本公共服务的基础上，增加了生活服务这一类别。生活性服务中有很大一部分涉及老年人，属于为老服务业。物业企业、零售服务商、社会工作服务机构等要拓展为老服务功能，提供生活用品代购、餐饮外卖、家政预约、代收代缴、挂号取药、精神慰藉等服务。社区综合服务平台要无缝对接老年人需求，提供就近就便消费服务。

问题十八

如何推动医养结合，为老年人提供方便可及的医疗服务？

疾病医疗问题，是老年人最关心的问题。推动医养结合，在解决好老年人“养”的问题的同时，解决好“医”的问题，从而从根本上解决老年人对疾病的恐惧，使患病的老人得到及时有效的救治，缩短老年人的患病周期，保证其晚年生活质量，同时减轻老年人家庭和社会负担。

养老服务的发展，迫切需要与医疗卫生相结合，实现医养融合发展。有限的医疗服务资源和养老服务资源以及彼此相对独立的服务体系，是无法满足老年人对更加幸福美好的老年生活需求的。只有把两者有机结合起来，实现两种资源的有机整合、服务功能的有效衔接，才能实现有限资源的效用最大化，在为老年人提供基本生活照料的同时，提供方便可及的医疗服务。据国家卫健委发布的统计数据，截至2020年底，全国共有超过4 000家医养结合机构，超过20 000家医疗机构与养老机构建立了签约合作关系。

医养结合、医养融合发展，既是养老服务发展的方向，也是医疗机构转型发展的内在需要，更是亿万老年人实现更美好老年生活的必要条件和保障。但是，从医养结合、医养融合发展的现实看，仍然面临不少难题。

一是必须进一步明确主管部门的责任边界，加强主管部门之间的协调和合作。养老服务的主管部门是民政部门，老年健康管理是养老服务的重要内容，但这一职能归卫生健康部门，医疗机构的主管部门是卫生健康部门，医疗保险的主管部门则是国家医保部门。实际上，医养结合的业务涉及的还不只这几个部门。要推动医养结合，必须理顺主管部门的责任边界，加强主管部门之间的协调和合作，建立健全顺畅的协调合作机制，共同解决医养结合中面临的体制性、机制性障碍。

二是完善职业教育体系，多措并举加强医养结合人才队伍建设，提高照护人员的专业化水平和素养。医养结合照护人员队伍建设滞后，既表现为照护人员数量的不足，也表现为照护人员服务质量的有待提高。这是推动医养结合的一个很现实的困难。一方面，养老机构的照护人员学历层次普遍偏低，专业化水平严重不足，难以承担专业化的医疗护理工作。另一方面，医护人员资源也有限，而且还面临着部分流失的问题。养老机构内设医疗机构的医护人员收入远远低于其他专业医疗机构，养老机构即使有内设医疗机构，也很难招到医护人员，医养结合所需的医护人员更为紧缺。

三是借鉴国外经验，总结推广国内比较成熟的做法，解决好养老机构推动医养结合的现实困难。养老机构普遍认识到了医养结合的重要性。道理很简单，老年人选择养老机构越来越看重养老机构的医疗条件，看病和报销是否方便，但是养老机构开展医养结合的能力普遍欠缺。这是因为养老机构如果按标准设置医务室和配备专业医务人员，需要承担较大的运营费用，但养老服务利润率低，多数养老机构不盈利甚至亏损运营，事实上难以在医养结合上投入更多资金。例如日本采取医院医生到养老机构坐诊的做法，就是值得我们借鉴和学习的。

四是切实把医养结合的重点放在医疗卫生进社区、进老年人家庭方面。我国 90% 以上的老年人只能依靠社区居家养老度过自己的晚年。因此，医养结合的重点应该是医疗与社区居家养老相结合，当然这也是医养结合的难点。机构养老同医疗相结合，医院内设养老机构，以及医疗机构向老年人照料和康复为主转型发展等医养结合模式，是目前比较容易达成共识，且推进力度相对较大、成效较突出的方面。医疗同社区居家养老相结合方面则相对滞后，远远满足不了数以亿计的社区居家养老老年人的需求。《关于推进医疗卫生与养老服务相结合的指导意见》及国家其他相关政策文件对推动医疗卫生进社区、进老年人家庭，为老年人提供上门医疗服务，特别是推动实行家庭医生制，都作出了许多政策规定，关键在于如何落实。

五是必须落实好医疗保险报销的相关政策规定，解决好老年人就医报销难题。对医疗上门服务，相关文件明确要求将符合规定的医疗费用纳入医保支付范围，符合条件的养老机构内设医疗机构可以按照规定纳入城乡基本医疗保险定点范围。但是，从我们近十年来进行的大量调查看，养老机构反响最强烈的，也正是纳入基本医疗保险定点范围太难，有的养老机构内设医疗机构长时间没有能够成功纳入医疗保险定点范围，老人看病治疗后的报销问题成为老人、养老机构都很头疼的难事。这一问题不解决，养老机构推进医养结合的积极性是不可能真正被调动起来的。

问题十九

如何推动康养结合，提高老年人的健康水平？

新中国成立之初，我国人口的平均预期寿命只有35～40岁。70多年时间，我国人口的平均预期寿命增长了一倍。但是，“长寿不健康”的状况值得引起高度的重视。必须顺应广大老年人日益增长的健康需求，推动康养结合，建立健全包括健康教育、预防保健、疾病诊治、康复护理、长期照护、安宁疗护等在内的综合性、连续性老年健康服务体系，为老年人提供更高质量的健康服务。

扎实推进康养结合，提高老年人健康水平，是亿万老年人的迫切期望，事关亿万老年人的幸福安康，事关健康中国战略的落实和实际成效。推进康养结合、康养融合发展，既有具体措施的力度和协调配合问题需要解决，又有制度体制机制的顶层设计问题需要解决。

第一，针对老年人慢性病剧增的现实，必须切实加强老年慢性病防治。要结合健康中国战略的实施，推进国民健康事业改革与创新，建立基本医疗卫生服务均等化、可及化的慢性病防治体系。政府在慢性病防治体系建设中居于主导地位，要负起慢性病防控管理的责任，从发展规划、资源配置、管理机制、资金保障、能力建设、健康宣教、相关健康产业发展等方面制定科学合理的政策和制度，系统推进慢性病防治体系建设。慢性病防控理念要由“重治疗、轻预防”向“预防为主、防治兼顾”转变。慢性病防治要“关口前移”，实施早诊早治，制定推广筛查和健康干预的适宜技术，降低高危人群发病风险，控制病情进展和并发症的发生。要依托互联网构建慢性病新型医疗服务模式，发挥信息化在慢性病预防、诊治、健康管理资源整合与高效利用方面的优势，优化医防资源配置与利用。

第二，针对失能失智老年人越来越多的现实，必须切实健全长期护理保险制度，健全长期护理服务体系。一方面，要积极实施失能预防项目，宣传失能预防核心信息，努力降低老年人失能发生率。与此同时，要加强适老环境建设和改造，尽可能减少老年人意外伤害。另一方面，要采取切实有效的措施，解决好失能老人以及高龄老人、空巢老人的日常生活照料问题。2016 年 6 月，为解决长期失能老人的基本生活照料和与基本生活密切相关的医疗护理问题，国家人力资源和社会保障部确定了 15 个长期护理保险制度试点城市，通过试点，积累经验，逐步形成适应我国社会主义市场经济体制的长期护理保险制度政策框架。总体上，试点是比较成功的，效果也是比较好的。但是，长期护理保险解决的只是失能失智老年人的护理费用问题，必须把健全长期护理服务体系摆在更加重要的位置。只有健全相应的长期护理服务体系，才可能真正满足失能失智老年人越来越迫切的长期护理服务需求。因此，要积极引导社会力量、社会组织参与长期护理服务，鼓励和支持长期护理服务机构和平台建设，促进长期护理服务产业发展，引导保障对象优先利用居家和社区护理服务，鼓励机构服务向社区和家庭延伸，鼓励护理保障对象的亲属、邻居和社会志愿者提供护理服务。国家已经出台一系列相关政策和措施，关键还是要落实到位。

第三，切实加强老年人健康管理。要健全包括老年人健康档案、老年人健康监测、老年人健康评估、老年人健康指导在内的老年人健康管理体制机制，从而做到早发现疾病，早治疗，减少并发症，降低致残率和病死率。

第四，切实加强老年人健康教育。合理膳食、适量运动、戒烟限酒、心理平衡，被世界卫生组织界定义为健康的四大基石。做好预防保健的一个前提，是提高老年人的健康素养水平。要大力发展老年教育。老年教育不能仅仅是文化学习、琴棋书画技能的培训，必须把老年健康教育纳入老年教育的范围，作为老年教育的重要组成部分。要利用多种方式和媒体媒介，面向老年人及其照护者，开展包括营养膳食、运动健身、心理健康、伤害预防、疾病预防、合理用药、康复护理、生命教育和中医养生保健等的健康教育活动，提高老年人健康素养。

问题二十

为什么农村是我国养老服务的短板？

与城镇相比，农村养老服务的发展更加滞后，供需矛盾更加突出，城镇发展养老服务的一些比较成功的经验和做法又不适合农村。农村是我国养老服务的短板，既体现在农村是发展养老服务的难点，又体现在农村是发展养老服务的重点。发展农村养老服务，必须从农村、农村老年人的实际出发。这个“实际”，主要体现在以下几个方面。

一是农村老年人重故土重家庭观念更深厚更强烈。尽管农村老年人同城镇老年人一样，也经历了几十年城镇化、现代化、市场化的洗礼，但是，农村老年人“邻里守望相助”“养儿防老”“叶落归根”“死也要死在自己家里”“外面千好万好还是不如家里好”等观念依然深入骨髓，因而，农村老年人更愿意选择居家养老。几千年来，中国农村老年人养老问题的解决，靠的就是家庭成员包括配偶经济上的供给和生活上的照料，也就是靠传统的家庭养老。养老成为传统社会家庭的一项重要职能。发展农村养老服务，更必须把重点放在居家养老服务上。极小一部分农村老年人有入住养老机构的需求，这种需求应该满足，但发展机构养老绝不是解决农村老年人养老问题的主要途径。一些以农村老年人为主要入住目标人群的养老机构，大量床位空置，就是一个很好的诠释。

二是我国农村的空巢老年人所占比重比城镇更高。随着我国城镇化进程的加快，越来越多的农村青壮年劳动力流向城镇，客观上导致了农村代际分居现象的加剧和空巢老人的增加，农村空巢老人家庭所占比重更高。农村空巢老年人中，相当一部分年事已高、体弱多病，甚至处于失能半失能状态，他们的日常生活需要别人照料，许多老年人甚至连饮水进食都成了难题。在家庭成员越来越难以承担空巢老年人日常生活照料、医疗护理和精神慰藉重担的背景下，健全留守老年人关爱服务体系，发展社会化养老服务是解决这一问题的主要途径。

三是我国农村存在一个特殊的需要特别给予养老照护的群体，即特困老人。我国农村仍然有特困人员（以前称之为“五保”人员）400 多万人。在计划经济时期，我国农村特困人员基本上是由集体经济组织供养的。改革开放以后，国家对农村特困人员救助供养制度进行了多次调整，特困人员供养实现了由农民集体的互助共济向财政供养为主的社会保障转变。目前特困人员中多数为老年人。国家和有关方面在农村建设了一些集中供养特困人员的养老服务机构，对部分特困老人实行集中供养，但多数特困老人只能采取分散供养的方式。如何解决好农村特困老年人集中供养机构的这一供需矛盾，需要政府相关部门、集中供养机构和社会各界予以更多的重视。

四是农村老年人的养老服务支付能力低。一方面，农村居民收入水平远远低于城镇居民收入水平，老年人养老服务的支付能力就更低。另一方面，城乡老年人的养老金水平差距更大。城镇退休人员的养老金水平，从2004年起连续十几年上调，已经有了大幅度的增长。尽管城镇居民和农村居民养老金水平的国家标准是一致的，但实际上各地为城镇老年人提供的基本养老金要高于农村老年人。农村老年人的养老金相对于养老服务的费用无异于杯水车薪。

五是农村老年人的养老服务需求尽管呈现出多层次、多样化、个性化的特点，但目前服务供给仍然集中在最基本的需求层次。国务院发布的《关于加快发展养老服务业的若干意见》明确提出，要“鼓励和引导相关行业积极拓展适合老年人特点的文化娱乐、体育健身、休闲旅游、健康服务、精神慰藉、法律服务等服务”。这些养老服务既是城镇老年人所需要的，同样也是农村老年人所需要的。大量调查数据表明，医疗保健、休闲娱乐、家政服务和陪同聊天，是农村老年人当前最迫切的居家养老服务需求。

问题二十一

如何加快补齐农村养老服务短板？

《“十四五”国家老龄事业发展和养老服务体系规划》明确提出，要“加快补齐农村养老服务短板”。补齐农村养老服务短板，更好地满足亿万农村老年人的养老服务需求，必须走出一条符合农村实际、符合农村老年人实际、供需相衔接、质优价廉方便可及的农村养老服务发展之路。

第一，依托行政村和较大自然村，发展兼具日间照料、短期托养、互助式养老为一体的综合性养老服务机构和设施。在农村，这三类养老服务不宜分别设立，以尽可能节约资源，避免人力、物力和财力的重复投入和浪费。年轻人白天要劳作，家里老人无人照料，日间照料可以在白天为老人提供照料服务，也可以解决目前许多老人的做饭送餐问题。照料老人的家庭成员可能临时外出，长期照顾老人也会备感压力、身心疲惫，短期托养则可以有效缓解照顾老年人的家庭成员的压力，使他们得以喘息，所以短期抚养也被称为“喘息服务”。互助式养老，就是低龄老人照顾高龄老人，健康老人照顾失能失智老人，老人之间互相帮助，共度晚年。日间照料和短期托养是发展城市社区养老服务的重要方式，同样适合于农村。随着城镇化进程的加快，大量农村人口进城，农村出现了大量的空置民房。在行政村和农村小学的合并中，也出现了许多废弃的行政村办公用房和学校用房。这些闲置的农家大院、废弃的行政村办公用房和学校用房等都是宝贵的资源，通过租赁、转让或划拨，加以改造和修缮，完全可以用作发展日间照料、短期托养和互助式综合养老服务设施。

第二，大力发展农村居家养老服务。绝大多数的农村老年人愿意并且也只能选择居家养老。发展农村居家养老服务，应以以下三方面入手。一是要发挥村民自治组织的作用。村民自治组织最了解本村老年人的具体情况，对谁家需要什么帮助最清楚，村民自治组织要把服务本村老年人作为本身应有的职责。村民自治组织在提供居家养老服务方面的作用，主要体现在组织、协调以及必要的财力和场地支持上。实际上，村干部多走访本村老人，就是一项很有意义的居家养老服务，能够给老人带来巨大的精神慰藉。二是要引入社会力量和民间资本，发展居家养老服务机构，提供农村老年人迫切需要的诸如洗衣做饭、洗澡清洁、陪同上医院、代购日用品药品、打针用药、维修家具电器等服务。居家养老服务是一项微利行业，甚至很难盈利，行政村和政府相关部门应该在土地、税费等方面提供必要的支持；对政府“兜底”的老年人和困难老人，村集体和政府部门还可以通过购买服务和提供必要补贴的方式，支持居家养老服务机构的发展。三是要大力发展农村养老敬老尊老志愿服务组织。共青团、农村中小学，以及当地机关事业单位和企业，都应该支持各类养老敬老尊老志愿服务组织的发展，支持志愿服务组织开展各类力所能及又适合居家老人需要的上门志愿服务。

第三，提倡和鼓励民间资本、爱心人士和社会组织举办面向农村老年人的小型微型和家庭式养老机构。农村养老服务机构面向的主要是中低收入的农村老年人，要为农村老年人提供方便可及、价格合理的养老服务。总体上，农村老年人除失能半失能老人、高龄老人、空巢老人外，对机构养老的需求不是很大。举办农村养老机构，一要就近可及，二要价格低廉，这样的养老机构只能是小微型或家庭式养老机构。政府及其相关部门要在土地、资金等各方面提供更多的扶持，鼓励民间资本、爱心人士和民间组织举办面向农村老年人的这类养老机构，就近就便为农村老年人提供入住服务。小微型或家庭式养老机构的发展，有两方面的好处。一方面，可以为解决农村留守妇女等剩余劳动力的就业问题创造机会；另一方面，可以为老年人提供就近、收费低廉的养老服务，为老年人提供一种家庭式的养老氛围，能够根据老年人的特点提供更多的个性化服务。

第四，以农村特困老人集中供养机构为基础，发展区域性养老服务中心。区域性养老服务中心要提供两大类服务：一是作为养老机构，提供入住服务。除继续履行政府对特困老人的“兜底”职能外，要努力改善设施条件，逐步向社会开放，提高运营效益，增强护理功能，以满足更多的农村老年人入住养老机构的需求。特困老人集中供养由财政提供费用，对农村家庭经济困难的老年人、低收入老年人要提供低收费或减免收费的入住服务，对其他老年人则可以按照市场定价提供经营性入住服务，并以经营性入住服务的收益弥补办院经费的不足和改善办院条件，提高服务质量。二是作为居家养老服务机构，为周边老年人提供上门养老服务。政府通过购买服务的方式，由区域性养老服务中心为分散供养的特困老人提供居家养老服务；通过政府补贴、慈善和社会力量捐助等方式，降低服务收费，为周边老年人提供低费可及的居家养老服务。

第五，鼓励和支持城乡养老服务机构的交流、互助、合作，建立常态化的协作机制。在目前我国城乡经济社会发展差距仍然过大，城乡养老服务体系发展极度不均衡的背景下，要加快发展农村养老服务体系，更好地满足农村老年人巨大的养老服务需求，必须充分发挥我国城乡一体、农村支持城市、城市反哺农村的“一盘棋”精神，倡导、鼓励和支持城乡养老服务机构、企业和组织的交流与合作。在这方面，目前切实可行的做法有三个。一是鼓励和支持城市公办养老机构与农村五保供养机构，以及农村其他养老服务机构，建立长期稳定的对口支援和合作机制，采取人员培训、技术指导、设备支持等方式，帮助农村五保供养机构和其他养老服务机构提高服务能力和服务水平。城市中的非公办养老服务机构也应当根据自身的优势和特点，同农村养老服务机构建立对口支援和合作机制。二是鼓励和支持城市养老服务机构、企业和组织，把居家养老服务的功能向农村延伸，在服务城市居家老人的同时，尽可能覆盖更多的农村居家老人。要利用现代信息技术，把一定半径范围的农村老人通过服务呼叫系统联结起来，为农村居家老人提供包括助餐、助浴、助洁、助医等上门服务。对把居家养老服务延伸到农村的城市养老服务机构、企业和组织，政府在税收、土地、资金等方面应该给予适当的补偿性支持。三是鼓励和支持城市养老服务机构承担更多的社会责任，低费或减免收费接收农村老人入住。在目前我国养老机构床位中，有近一半养老床位处于空置状态，这本身就是一种浪费。政府有关部门要采取切实的措施，鼓励和支持城市养老机构用空置的养老床位低费或减免收费接收农村老人入住。一方面，可以减少或尽可能避免浪费本来就很宝贵的养老服务资源；另一方面，可以有效地缓解农村养老服务机构床位不足、老人入住难的困境。

第六，拓宽资金渠道，支持农村养老服务的发展。发展农村养老服务，离不开资金的支持。一方面，应当进一步落实老年人权益保障法关于可以将农村未承包的集体所有的部分土地、山林、水面、滩涂等作为养老基地，收益供老年人养老的要求，充分调动和发挥农村集体经济支持农村养老服务的积极性和作用；另一方面，政府用于养老服务的财政性资金，包括用于养老服务的中央专项公益彩票金，应当重点向农村养老服务倾斜。与此同时，要采取切实有效的政策措施，引导和鼓励城市资金、资产和资源投向农村养老服务，重点投向农村居家养老服务。